Hussein GHUBASH

# Prophet der Barmherzigkeit und des Friedens

Eine moderne Lesung der Biografie des
Propheten Muhammad

© 2020 Hussein GHUBASH

Verlag & Druck: tredition GmbH, Halenreie 40-44, 22359
Hamburg

ISBN
Paperback:     978-3-347-14118-6
Hardcover:     978-3-347-14119-3
e-Book:        978-3-347-14120-9

# Inhaltsverzeichnis

# Danksagung

Zu Beginn möchte ich einen großen Dank und meine Anerkennung für den großen verstorbenen Sheikh Ahmad Keftaro[1] aussprechen, der mich in das islamische muhammadenische Milieu hineingebracht hat. Es ist ein Milieu, von dem ich in den zeitgenössischen, religiösen Diskursen nichts gehört habe. Der Islam ist ein eine Religion der Charakterreinigung, der Weisheit, der Liebe und der Toleranz. Sheikh Ahmad Keftaro hat den Glauben in meinem Herzen vertieft und meine Liebe zu dem Gesandten verstärkt. Er inspirierte mich durch seine Pionierdenkweise diese Biographie des Propheten in einer modernen und einfachen Sprache zu formulieren. Das war auch sein Wunsch, bevor er unsere Welt verließ. Möge Gott ihn für alles, was er für mich getan und was er mir gelehrt hat reichlich belohnen.

Ich danke auch meinem lieben Freund, Sheikh Dr. Nazim Abd al-Malik, der mit seinem genauen und ausführlichen Wissen über die Biographie des Gesandten und mit seinen koranischen Kenntnissen mein Wissen über das Leben des Propheten bereicherte. Das hat mir ermöglicht, die Ereignisse genau zu behandeln und sie nach bestem Wissen und Gewissen zu beschreiben. Ich danke auch dem lieben Freund Sheikh Ali Awad für seine Anmerkungen und seine dauerhafte Unterstützung.

---

[1] Der ehemalige Großmufti Syriens.

Ein besonderer Dank gebührt den Lieben, die mich ständig seelisch unterstützen und mich mit ihren Bittgebeten und ihrer positiven Energie begleiten. Zu ihnen zählen die werte, gläubige Shakraa bint Saleh (Um Fahd), Frau Dr. Mariam Sultan, Frau Dr. Mosah Ghabbash, Frau Dr. Rukayyah Ghabbash. Auch vergesse ich die Bemühungen der lieben Kollegin Layla Said nicht, die die Aufgabe übernommen hat, Korrekturen durchzusetzen, Literatur zu überprüfen und die Vorbereitungen zur Veröffentlichung des Buches durchzuführen.

Zu guter Letzt gebührt der Dank meiner lieben Ehefrau Dr. Muna al-Rakhimi für ihre permanente Unterstützung, die mir das Schwere auf diesem Weg erleichtert hat und mir dabei geholfen hat, diese Arbeit ans Licht zu bringen.

Möge Allah sie alle mit dem Besten belohnen.

# Die Einleitung / Vorwort

Unzählig sind die Bücher, die über die Biographie des Propheten sprechen und das in allen Sprachen der Welt. Einige davon sind realitätsnah und andere weit entfernt von der Realität und der Wahrheit über sein Leben. Der erste Gedanke für jemanden, der ein neues Buch über die Biographie des Propheten schreiben will, ist die legitime Frage, wieso eine neue Biographie? Was kann diese den bereits Vorhandenen neu hinzufügen? Diese Frage versuche ich, in meiner Arbeit zu beantworten.

Zu den berühmtesten Sira-Büchern ist als erstes die Sira von Ibn Ishaq zu nennen, die früher die wichtigste historische Buchquelle über die Biographie des Propheten war. Diese Sira wurde etwa 100 Jahre nach dem Tod des Gesandten[2] verfasst. Ibn Ishaq selbst ist im Jahr 151 nach der Hidschra verstorben. Trotz ihrer Wichtigkeit als eine zeitlich sehr früh verfasste Sira muss sie mit Vorsicht gelesen werden, da einige Informationen darin nicht sachlich und ungenau sind.

Nach ihr entstand die Sira von Ibn Hischam, verstorben im Jahr 280 nach der Hidschra, die in der Tat eine Bearbeitung der Sira von Ibn Ishaq ist. Mit der Zeit nahm die Sira von Ibn Hischam die Stelle ihrer Vorgängerin ein und wurde als Hauptquelle für alle Sira-Bücher heran-

---

[2] Todesdatum nach Sonnendatum

gezogen. Sie hat zweifelsohne eine bessere Einordnung der Geschehnisse und ist näher zur Realität. Sie bleibt jedoch eine Aufzählung von
Ereignissen mit vielen Details, die nicht mehr relevant für Studierende
und Interessenten an die Sira des Propheten sind.

Zur Natur der biographischen Erzählung gehört, dass sie keine tief-
gründige Lesung für die Ereignisse bietet und demzufolge, wenige imanischen und spirituellen Lektionen, besonders über Charakterreinigung und Weisheit liefern kann. Genau das ist aber der Kern der Sira.
Zweifelsohne sind beide Biographien (von Ibn Ishaq und von Ibn
Hisham) für Fachleute und WissenschaftlerInnen, aber nicht mehr für
die heutigen LeserInnen, relevant. Ich berufe mich in meiner Arbeit auf
die Sira von Ibn Hisham als Hauptquelle aber verwende auch weitere
Quellen wie *al-Sira al-Halabya* von Nur al-Din al-Halaby, *Suwar min
hayat al-Rasul* von Amin Duidar, *Zaad al-Miaad* von Ibn al-Qayim al-
Gawzy und *al-Maghazi* von al-Waqidi.

Die traditionelle und die historisch erzählerische Sprache ist für
viele Leser der heutigen Zeit nicht mehr interessant, weil sie das Licht
der prophetischen Lektionen und Lehren auf unser heutiges Leben
nicht genügend projeziert. Deshalb möchte ich die Sira in einer einfachen Sprache, die leicht verständlich ist, darstellen, ohne dabei auf etwas Essentielles zu verzichten. Ich bemühe mich darum, dass die Sira
dem heutigen Leser näher kommt, auf der Hoffnung, dass die Menschen von der muhammadenischen Spiritualität und ihren Lichtern
profitieren.. Es braucht eine Zusammenfassung der Sira, ohne dass der
Kern der Sira und die Inhalte der Sira und des Prophetentums verändert

werden. Hoffen wir, dass wir dadurch aus den historischen Büchern der Sira des Propheten eine zeitgemäße Lösung liefern und sie in einer zeitgemäßen Sprache repräsentieren können.

Das Schreiben der Sira des Gesandten ist nicht irgendein Schreiben. Sie ist in rein imanischer Akt[3]. Das Nachdenken über und Betrachten des Lebens des Propheten ist eine Beobachtung in den muhammadenischen, spirituellen, mystischen Islam. Diesen Islam verkörperte der Prophet in seinem Leben mit seinen Taten und Aussagen, so dass sein Leben und seine Aussagen die strahlenden Lichter des geschriebenen Korans waren.

Die Rückkehr zum Ursprung und die Gründungsphase des Islams stärkt unser Glaubensbewusstsein und liefert uns ein umfassendes Bild über den Islam. Diese Phase hat die muslimische Persönlichkeit in verschiedenen Bereichen, wie etwa in ihren Werten, ihrer Erkenntnis und in ihrem Wissen gegründet und geprägt.

Der werte Prophet hat uns all das in seiner Sira verkörpert. Deswegen ist das Lesen und Befolgen der Sira eine imanische Voraussetzung. Allah sagt:

> *„Ihr habt ja im Gesandten Gottes ein schönes Vorbild für den, der Gott und den Jüngsten Tag erwartet und der Gottes oft gedenkt."* *(Koran 33:21)*

---

[3] Für den muslimischen Verfasser.

Daher kann ein Muslim kein gläubiger, weiser Mensch sein, der mit Stolz und Gabe gefüllt ist, solange er das Leben des Propheten nicht kennt. Man kann nicht behaupten den Propheten als ein Vorbild zu sehen, wenn man nicht mal seine Lebensgeschichte gelesen und aus ihren Geschichten gelernt hat. Er ist unser größtes Vorbild, das uns zu unserem Schöpfer recht leitet. Die Unwissenheit vieler Muslime über das Leben des Propheten hat zweifelsfrei dazu geführt, dass dem Islam die erzieherische, moralische und spirituelle Bedeutung entzogen wurde. Der Islam ist wie ein Körper ohne Seele geworden, der zu seinem Schöpfer emporsteigt.

So verwandelte sich der Islam für viele zu Gottesdiensten und Ritualen ohne spirituelle Bedeutung, befreit von Weisheit und Spiritualität. Das führte zur Zerstreuung, Spaltung und zum Niedergang in der islamischen Welt.

Für die Religion gibt es zwei Quellen: Koran und Sunna. Wenn die Religion ein Teil des Lebens ist- nein, sie ist das Leben – so ist die prophetische Sira die Seele dieses Lebens. Die Sira inkludiert die Aussagen und die Taten des Propheten, die Gottesdienste, die Spiritualität und die guten und noblen Charaktereigenschaften des Propheten. Allah der Erhabene beschreibt ihn wie folgt:

*„Du bist fürwahr von großer Tugend."*
*(Koran 68:4)*

Der großartige Charakter besteht aus einer ganzen Institution aus noblen Werten, wie die Vergebung, das Vollziehen guter Werke, die

Barmherzigkeit, die Bescheidenheit des Herzens, die Großzügigkeit, die Nächstenliebe - und all das ist von der Weisheit durchzogen. Es ist eine Institution der spirituellen Kraft für den Menschen und ein Ausdruck der seelischen Reinheit. Das ist ein ganzheitliches moralisches, spirituelles System, das der Prophet festgelegt hat, damit wir daraus lernen und dieses so gut wie möglich befolgen. Der Prophet sagt: „Ich bin gekommen, um die guten Charakterzüge zu vervollständigen". Die guten Charakterzüge sind von der Sunna und für einen Glauben essentiell. Wie viele der prophetischen Charakterzüge verfolgen wir also?

Deswegen müssen wir, wenn wir Gottes Liebe und Wohlgefallen erlangen wollen, diese großartige Sira samt ihren Lehren und Weisheiten verstehen und sie nicht vernachlässigen, sondern als Quelle zur Wahrheit über die Religion, den Werten und das moralische System, nehmen.

Die Persönlichkeit des Propheten Gottes ist nicht wie jede Persönlichkeit, die mit dem Ende ihrer Rolle auf der Erde selbst ein Ende nimmt. Er ist ein Licht, das immer noch strahlt und solange strahlen wird, bis Gott die Welt und alles was darauf ist, einnimmt. Wir werden die wahre Bedeutung des Prophetenlebens erst dann verstehen, wenn wir es als Lichtquelle für die Menschheit sehen.

Gott hat jeden Propheten mit einer speziellen Eigenschaft als Ehrung ausgezeichnet. Abraham ist als „Khalil Allah" (Freund Gottes), Musa als „Kalim Allah" (unmittelbarer Sprecher mit Gott) und Jesus als „Ruh Allah" (Gottes Wort) bekannt. Er hat Muhammad mit all diesen

Eigenschaften ausgezeichnet und zusätzlich einer ganz für ihn speziellen: „Habib Allah" (Gottes Liebling). Allah hat seinen Propheten mit der Liebe verknüpft und die Liebe ist die Basis der Existenz und die höchste Emotion.

Der Prophet sagt: „Keiner von euch ist gläubig, bis er mich mehr liebt als seine Eltern, seine Kinder und alle Menschen." Er hat also die Liebe Gottes zum Menschen mit der Gehorsamkeit des Menschen und seine Liebe zum Propheten verbunden. Der Prophet hat den Glauben mit der Liebe verknüpft, es gibt also keinen Glauben für jenen, der nicht liebt. Die Liebe zum Propheten ist erst dann wahr, wenn ihm auch gefolgt wird.

So zeigt sich uns, dass die Liebe die Seele des Glaubens ist und zum Glauben gehört die Liebe zu Gott, seinen Propheten und Seiner gesamten Schöpfung. Allah der Erhabene sagt:

> „Wer dem Gesandten gehorcht, gehorcht auch
> Gott." (Koran 4:80)

Also gehört der Gehorsam zum Propheten zum Gehorsam Gottes und ist ein Ausdruck, dass Gott den Menschen liebt. Die Segenswünsche an den Propheten sind ein imanischer Ausdruck der Verbundenheit des Muslims mit seinem Herrn.

Jedes Geschehen auf der Welt ist ein Ausdruck von Gottes Willenskraft. Zur Schönheit des Nachdenkens über die Sira und ihre Geschehnisse gehört es diese Anwesenheit des Schöpfers im Verlauf der Sira zu spüren. Hierbei verinnerlicht der Gläubige die Aussage Allahs:

*„Er ist es, der im Himmel Gott ist und der auf*
*Erden Gott ist. Er ist der Weise, der Wissende."*
*(Koran 43:84)*

Die meisten Taten des Propheten waren von Gott offenbart und von Ihm geplant.

Während wir die Sira des Propheten lesen, werden wir merken, wie die Verse und Suren vor, während oder nach jedem Ereignis offenbart wurden.

Lesen wir die Sira mit diesem imanisch-spirituellen Bewusstsein und betrachte wir alles was war und ist als von Gott gewollt, nur dann können wir die Biographie des Propheten als ein schönes Gemälde von der Hand Gottes wahrnehmen.

Allah bezeichnet seinen Gesandten als Prophet der Barmherzigkeit. Er ist wie der Regen, der die Erde ernährt, pflanzt und belebt. So hat der Prophet die Erde mit dem Himmel verbunden und er ist so barmherzig wie es der Regen mit der Erde ist.

*„O ihr, die ihr glaubt! Schenkt Gott und seinem*
*Gesandten Gehör, wenn er euch zu etwas aufruft,*
*was euch Leben spendet!"* *(Koran 8:24)*

Der Prophet hat durch sein Licht und zahlreichen Bemühungen viele tote Herzen widerbelebt. Das prophetische Licht bewirke in vielen Herzen einen Moment der Wachsamkeit und schenke vielen ein „neues" Leben. Im Koran heißt es:

*„Ist denn jemand, der tot war und den wir wie-*
*der lebendig machten und dem wir ein Licht mach-*
*ten, mit dem er unter Menschen wandelt, ist der*
*wie jemand, der in Finsternissen ist, aus denen er*
*nicht herauskommt? So erscheint den Ungläubigen*
*in bestem Licht, was sie je taten."* *(Koran 6:122)*

Der Mensch wurde widerbelebet, so dass die Herzen wachsam wurden und die menschliche Seele die göttlichen Lichter erblicken konnte. Dieses Licht kann nur von Gott sein.

*„Und wem Gott kein Licht macht, der hat kein*
*Licht."* *(Koran 24:40)*

Wer kein Licht hat, dessen Herzen sind in Finsternis, Rückständigkeit und Unwissenheit versunken. Der Prophet hat den Verstand mit der Religion verknüpft, in dem er in einem Hadith (dt. Überlieferung) sagte: *„Wer keinen Verstand hat, hat keinen Glauben. Wer keinen Glauben hat, hat keinen Verstand. Der Glaube ist lediglich der Verstand."*

Somit ist der islamische Glaube ein Glaube mit Verstand. Bei vielen Gottesdiensten wird vorausgesetzt, dass man „Aqil" ist – das heißt eine ausreichende Reife und einen Verstand hat. In einem weiteren Hadith sagte der Prophet: *„Eine Stunde nachzudenken ist besser als ein Jahr lang Gottesdienste zu verrichten."*

Das bestätigt, wie essenziell unser Verstand für unseren Glauben ist. Gott möchte, dass die Menschen ihren Verstand verwenden und anwenden, um den Koran zu verstehen.

*„Wollen sie denn den Koran nicht genau beden-*
*ken? Oder sind ihre Herzen verriegelt?" (Koran*
*47:24)*

Die Weisheit und Scharfsinnigkeit sind im Islam ein hohes Gut, das jeder Mensch als eine wertvolle Gabe Gottes verstehen sollte.

*„Er gibt Weisheit, wem er will, und wem Weis-*
*heit gegeben wird, dem wird viel Gutes gegeben.*
*Doch nur die Einsichtsvollen lassen sich ermah-*
*nen." (Koran 2:269)*

Die Weisheit ist die höchste Stufe des Verstandes, und wird als das beste Gut betrachtet.

Mit der Offenbarung des ersten Wortes „Iqraa" wurde ein Tor für eine neue Epoche des Wissens durch den Islam und durch die Botschaft Muhammads eröffnet. Deshalb richtet sich der Koran an verschiedenen Stellen an die Menschen und fragt: Denkt ihr nicht nach? Habt ihr keinen Verstand? Der Koran fordert die Menschen dazu auf nachzudenken, zu reflektieren und kritisch zu sein.

*„Kein Zwang ist in der Religion."*
*(Koran 2:256)*

Ist das nicht eine eindeutige Akzentuierung des menschlichen Verstands und die Notwendigkeit seiner Anwendung? Dass es im Glauben keinen Zwang gibt, ist ein Grundwert und ein wichtiger Aspekt für das islamische Verständnis der Glaubensfreiheit.

Mit diesem koranischen Prinzip und diesem Verständnis geht es nicht nur um eine Verwurzelung von Freiheit im Islam oder um islamische Friedensbildung, sondern auch um die Anerkennung, dass das Glauben eine Herzensangelegenheit ist, die nur von Herzen kommen kann. Unser Glauben ist eine persönliche Entscheidung, die nur durch die eigene Überzeugung durchgeführt und gelebt werden kann. Der Islam versteht sich als Religion der „Fitra" - eine Religion, die mit der menschlichen Natur und dem Verstand kompatibel ist.

Weiters heißt es im Koran:

> *„Willst du die Menschen etwa zwingen, dass sie gläubig werden?" (Koran 10:99)*

Eine Mahnung an den Gesandten und an jeden Menschen, der denkt oder es sich erlaubt andere Menschen zu einem Glauben - auch wenn es der eigene ist - zu zwingen. Das widerspricht dem Koran und den Lehren des Gesandten.

Der Koran fördert den Dialog zwischen den Religionen.

> *„Und streitet nicht mit dem Volk der Schrift; es sei denn auf die beste Art und Weise."*
> *(Koran 29:46)*

Was unseren Glauben betrifft, wird dies in Sure 18 näher beleuchtet.

Alle Glaubensstätte (Kirchen, Synagogen, Tempeln uvw.) sind im Islam genauso heilig, wie die Moscheen und gehören respektiert und beschützt.

Bekanntlich bringt jeder Prophet und Gesandter Gottes ein Wunder mit sich, als Beweis für die Menschen und damit sie an ihn glauben. Diese Wunder waren und blieben effektiv, überschaubar und spürbar für die Menschen.

Die Wunder, die der Prophet mitgebracht sind zwei:

1. Der Koran: Dieses wunderbare Buch, wird von Muslimen ihr Leben lang gelesen, ohne dabei beim Lesen oder Anhören Langeweile zu spüren und jedes Mal entdeckt der Mensch neue Bedeutungen. Der Koran ist immer aktuell auch wenn er vor über 1400 Jahren offenbart wurde. Das zeigt wie lebendig die Wörter Gottes sind.

2. Der Prophet konnte aus dem beduinischen, rückständigen Milieu eine Zivilisation etablieren und vorantreiben, von der die gesamte Menschheit im Laufe der Zeit profitiert hat. In 20 Jahren wurde eine Kultur und Zivilisation gegründet, die zur damaligen Zeit in der Frage der Menschenrechte und Menschenwürde eine Vorreiterrolle hatte.

Der Islam ist eine Religion sowie eine humanistische Zivilisation, in der die seelischen und moralischen Werte im Vordergrund stehen. Toleranz und Liebe sind zwei Grundpfeiler und sind in jeder Angelegenheit übergeordnet. Alles was der Islam versuchte, erzielte und brachte ist ein besseres Zusammenleben der Menschen und eine erlebbare Gerechtigkeit auf der Erde. Über die Botschaft Muhammads sagt Gott in seinem Buch:

*„Und wir sandten dich nur aus Barmherzigkeit*
*zu den Weltbewohnern.“ (Koran 21:107)*

Ich bin zuversichtlich, dass die Muslime bewusster werden, wenn sie die Biographie des Propheten verstehen und Lehren daraus ziehen können. Dieses Buch leistet einen wichtigen Beitrag, um den Islam selbst nach dem Vorbild Muhammads erlebbar zu machen.

Erwähnenswert an dieser Stelle ist, dass ich kein eigenes Kapitel für die Achlaq (dt. Charakterzüge/Verhaltensweisen) des Propheten verfasst haben. Es reicht uns, dass der Himmel ihn gelobt hat.

*„Du bist fürwahr von großer Tugend.“*
*(Koran 68:4)*

Allerdings möcht ich hier einige DenkerInnen und KünstlerInnen nennen, die weder muslimisch noch arabisch sind und ihre Meinung über den Gesandten äußerten. Die bekanntesten unter ihnen sind: Goethe, Lamartine und Tolstoy. Abschließend möchte ich eine Reise durch das Leben des Propheten mit euch machen. Ich freue mich, dich lieber Leser und dich liebe Leserin in den nächsten Seiten durch das Leben des Propheten zu führen.

# Historischer Überblick zur arabischen Halbinsel

## Die kulturelle und soziale Lage

Wir finden in dieser kurzen Zusammenfassung eine genauere Beschreibung für die Lage der Araber vor dem Islam. Die Zusammenfassung zeigt uns religiöse und ethische Werte, die mit dem Aufkommen des Islam herangetreten sind. Jafar und seine Freunde sind unter den Ersten, die die prophetische Schule absolviert haben und somit auch ein lebendiges Beispiel für eine/-n MuslimIn zeigen. Es handelt sich hierbei um eine Gruppe von MuslimInnen, die nach Medina vor der Verfolgung Quraishs flüchteten.

Um ein vollständiges Bild zu schaffen, ist es notwendig in Kürze auf die kulturelle Seite und die Werte des vorislamischen Lebens einzugehen, über die Jafar in diesem Kontext nicht gesprochen hat. Vielleicht war es unpassend eine lange Darstellung über den Najashi zu präsentieren.

Es genügt einen Überblick über die allgemeinen Eigenschaften der arabischen Persönlichkeiten vor dem Islam zu haben. Hierbei geht es nicht um Ausnahmen, sondern um das allgemeine Bild. Trotz des sozialen Rückstandes und der Kriege, die unter den verschiedenen Sippen entstanden sind, hatten die arabischen Gesellschaften ethische und noble Charakterzüge, wie zum Beispiel Mut, Tapferkeit, Ehrlichkeit, Großzügigkeit, Hilfsbereitschaft uvm.

Viele OrientalistInnen können bestätigen, dass es eine Ehre war, Hilfsbereitschaft zu zeigen. Hilfsbereitschaft und das Gewähren von Schutz waren beispielsweise wertvolle und religionsneutrale Werte, die bereits vor dem Islam existierten.

Wenn eine Person Schutz vor Angriffe, zum Beispiel von den Beduinen suchte, dann musste ihr dies auch gewährt werden, unabhängig davon, welche Gefahren damit verbunden sein könnten. Das wird von vielen OrientalistInnen und Büchern bestätigt. Bereits vor dem Islam strebten die Araber nach Freiheit, was ein wichtiger spiritueller und ethischer Wert war. Die Freiheit ist eine menschliche Besonderheit und ein Grundbaustein für die menschliche Existenz, denn sie gehört zur Natur des Menschen. Der Mensch trägt in sich eine Würde und möchte über sich frei entscheiden. Der Mensch lehnt von Natur aus, jegliche Unterdrückung und Unterwerfung. Araber hatten bereits in der vorislamischen Zeit alle Arten der Tyrannei und Unterdrückung abgelehnt und sehnten sich nach Gerechtigkeit, Gleichheit und Freiheit.

Es gibt einen Zusammenhang zwischen der Schönheit und der Freiheit der Seele. Die Sprache ist das Mittel, wodurch sich der

Mensch in seinem Inneren äußern kann. Aus diesem Grund waren die Araber auch sehr stolz auf ihre Sprache und derer Bemächtigung. Sie schätzten den Wert des Wortes, das mit den Werten der Schönheit und der Freiheit verknüpft war. Sie pflegten als Tradition einen Sprachwettbewerb zu den schönsten Worten und Gedichten zu veranstalten. Die Gewinner des Wettbewerbes hängten ihre schönen Worte an die Kaaba. Diese waren wie heilige Worte und nette Gesten, als eine Art von Unterstützung für die Kunst und die Schönheit.

Zählt nicht der hohe Respekt der Araber für die Sprache, Kunst und Dichtung seit der vorislamischen Zeit als ein wichtiges kulturelles Zeichen und als einen hohen Zivilisationswert?

Ist das nicht ein Zeichen des Strebens nach Würde und Freiheit? Wir werden in den folgenden Seiten mehr über diese wunderbaren humanistischen Werte und Eigenschaften erfahren, über die die Welt staunte. Durch ihnen und durch den Islam etablierten die Araber eine Kultur und eine Zivilisation für die Menschen, die ebenso die Welt faszinierte – alles durch den Glauben.

## Das heilige Mekka

Mekka hat sich im Laufe der Zeit in ein Glaubens- und Handelszentrum entwickelt, dass der ganzen arabischen Halbinsel für viele Jahrhunderte diente. Die Zahl der Bevölkerung in der Stadt betrug zur Zeit des Propheten etwa Zehntausend und war nach dem Jemen die einwohnerreichste Stadt der Gegend. Die gesellschaftliche Struktur der Stadt war unkompliziert und übersichtlich: An erster Stelle standen die Stammführer und Ehrenmänner Quraishs, die auch zur besitzenden Schicht gehörten, dann die HändlerInnen gefolgt von den Handwerkern. An letzter Stelle standen die SklavInnen und jene mit ganz einfachen Berufen, wie die ViehzüchterInnen. Seit der Zeit Abrahams stellte Mekka ein Glaubenszentrum dar, sowie ein Zentrum der Wirtschaft. In ihr befanden sich die großen Basare, die von Arabern aus der ganzen Insel besucht wurden. Es befanden sich darin alles von den verschiedenen Arten der Samen und Nahrung, die aus dem Jemen kamen, die Stoffe und Parfüms aus Indien bis hin zu den Waren aus Großsyrien, die im Sommer ankamen.

Die Saison der Glaubensrituale in Mekka wurde von der wirtschaftlichen Handelsaktivität abhängig. In Mekka befanden sich rund 360 Statuen, darunter al-Lat, al-Uzza und Hubal. Wer zum Handeln nach Mekka kam, besuchte auch gleich die Götzen als Glaubensritual. Für jeden Stamm der arabischen Halbinsel gab es einen eigenen Götzen, um den herum die Stämme ihre Glaubenspraxis vollzogen, wenn sie zum Handel nach Mekka kamen. Die Hajj-Zeit in Mekka verwandelte sich zugleich in eine Handelszeit.

Die Gesellschaft in Mekka war keine beduinisch-nomadische Gesellschaft, sondern eine sesshafte, stabile, ähnlich der zivilisierten modernen Gesellschaft, wie wir sie kennen. Aus der Stabilität der Gesellschaft in Mekka etablierte sich eine feste Ordnung und Tradition, die traditionelle Verhaltensnormen zwischen den Menschen hervorbrachte. Es sollte damit, wie in jeder städtischen Gesellschaftsordnung ein Frieden gesichert werden.

Mekka hatte aufgrund seiner Geschichte eine kulturelle Sonderstellung zwischen den anderen arabischen Städten der arabischen Halbinsel. Die Stammestraditionen entwickelten sich mit der Zeit und es entwickelte sich das Prinzip des Rates, wenn es um ein Urteil geht. So berieten sich die verschiedenen Stämme, vor allem wenn etwas ihre Gesellschaftsordnung betrifft.

Als der Stamm Banu Hashim in Mekka einige Jahrzehnte vor der islamischen Offenbarung zum führenden Stamm wurde, kreierte er einen Versammlungsort, genannt Dar al-Nadwa. Dieser Ort entwickelte sich zu einem Rat, in dem sich die Führer Mekkas zu all ihren Angelegenheiten beraten konnten. Es sind darin gemeinsam Entscheidung getroffen worden, die die Gesellschaft betrafen, wie bezüglich des Handels, der Friedens-/Kriegssituation Mekkas mit anderen Ortschaften oder der zivilgesellschaftliche Angelegenheiten, wie Stammesangelegenheiten.

## Banu Hashim

Quraish und daraus der Stamm Banu Hashim sind Nachkommen Ismael, der mit dem jemenitischen Stamm Jurhum eheverwandt war. Diese Stammesführung geht auf eine Überlieferung des Propheten zurück, in der er sagte: „Allah hat Kinana aus den Kindern Ismaels auserwählt und Bani Nadr von Kinana auserwählt und Bani Hashim aus Bani Nadr auserwählt und mich aus Bani Hashim auserwählt."

Doch der geehrte Prophet war nie aufgrund seiner Abstammung oder seiner Stammeszugehörigkeit zu Bani Hashim stolz, geschweige denn überheblich. Seine Maxime war: „Der wertvollste unter euch Menschen, ist der, der am gottesfürchtigsten ist." Doch Gott bestimmte für ihn zu den nobelsten Stämmen zu gehören, was für die auf ihn kommende Offenbarung von Bedeutung sein wird. Duidar schreibt dazu: „Je mehr ein Prophet unter seinem Volk angesehen wird, desto wahrscheinlicher ist es, dass die Menschen ihm zuhören. Es ist leider die Gewohnheit der Menschen, dass sie die Propheten misshandeln bzw. missachten, wenn sie unbekannt sind oder einem bescheidenen Stamm angehören. Wenn ein angesehener Mensch zu ihnen kommt, der eine bestimmte gesellschaftliche Bedeutung hat, finden sie nichts Schlechtes über ihn zu sagen. Und wenn sie etwas sagen, ist es über ihn gelogen.". All das mit dem Vorbehalt, dass der Islam der Abstammung im Gegensatz zu den Taten und dem Charakter keinen Wert beimisst.

Schätzungswert liegen zwischen der Zeit Ismaels und dem Propheten Muhammed 3000 Jahre, in denen keine Propheten oder Offenbarungen gesandt wurden. Es wird angenommen, dass in dieser Zeit die Menschen die abrahamitische Religion befolgten. Auch Quraish war anfangs abrahamitisch. Mit der Zeit nahm ihre Religion Gestalt des Polytheismus und der Götzendienerei an. Der berühmten Theorie nach, brachte ein Mann namens Amr b. Luhay die Götzen erstmals aus dem Hedschaz nach Mekka mit. Er sah sie zum ersten Mal in Großsyrien und fragte die Menschen nach ihrer Funktion als diese antworteten: „Wir beten sie an, damit es auf uns regnet und es regnet und damit sie uns unterstützen (bei Krieg z.B.) und sie unterstützen uns." Er nahm daraufhin einen Götzen namens „Hobal" mit nach Mekka und fixierte ihn vor der Kaaba, wo er viele Jahre später, bis zur Eroberung Mekkas durch die Muslime, stehen blieb.[4]

Über jene Menschen sagt der Koran:

> „Nur der verschmäht die Glaubensweise Abrahams, der gegen sich selber töricht ist. Wir erwählten ihn schon in dieser Welt, und im Jenseits wird er, fürwahr, einer von den Frommen sein."
> (Koran 2:130)

Es blieben bis zur Geburt des Propheten einige wenige Menschen in Mekka übrig, die der reinen abrahamitischen Religion angehörten. Sie

---

[4] Al-Gazairiy, Abu Bakr Jaber, Haza al-Habib Muhammad, Maktabah al-Ulum w al-Hikam, al-Madina 2004, S.25.

lehnten die Vielgötterei ab und kritisierten Quraish für ihre Entgleisung aus den abrahamitischen Glaubensgrundsätzen. Einer jener war der Dichter Zaid ibn Umar, der kurz vor der islamischen Offenbarung verstarb und bis zur letzten Sekunde der arahamitischen Religion treu war. Einst fragte Umar ibn al-Khattab den Propheten als sie gemeinsam mit dem Sohn des Dichters Saiid ibn Zaid unterwegs waren: „Sollen wir für Zaid ibn Umar beten?" Der Prophet meinte: „Ja, er wird als eine Gemeinschaft in eine Person auferstehen".

Die abrahamitischen Glaubensrituale, wie die Pilgerfahrt (Hajj und Umra) und das Umzingeln der Kaaba blieben in Mekka bestehen, jedoch nur als oberflächliche Handlungen und ihrem monotheistischen Sinn entzogen. Vom Umzingeln der Kaaba wurde mit der Zeit ein Umzingeln der Götzen, bis der Islam kam und die Kaaba von diesen polytheistischen Ritualen befreite und der Pilgerfahrt ihre spirituelle und muhammadenische Bedeutung wiedergab. Im noblen Koran (22:78) steht:

> *„Und müht euch um Gott, wie es ihm zukommt;*
> *denn er hat euch erwählt und hat euch in der Reli-*
> *gion nichts auferlegt, was euch beschwert: Die*
> *Glaubensweise eures Vaters Abraham; er hat euch*
> *Gottergebene genannt, schon vorher und nun hier,*
> *dass der Gesandte Zeuge sei für euch und ihr die*
> *Zeugen für die Menschen. So haltet das Gebet, und*
> *gebt die Armensteuer. Und haltet fest an Gott: Er*
> *ist euer Herr. Welch guter Herr, welch guter Hel-*
> *fer!" (Koran 22:78)*

Daraus geht hervor, dass Abraham die Muslime *Muslime* nannte. Neben dem verbreiteten Polytheismus auf der arabischen Halbinsel lebten auch einige Christen in der Gegend Najraan im Jemen und einige Juden in Sanaa, von denen bis heute noch einige friedlich im Jemen zu Hause sind. Relativ mehr jüdische Stämme lebten zu jener Zeit in Yathrib (später Medina) und in der Ortschaft Khaybar.

Die Anwesenheit jüdischer und christlicher Gruppen auf der arabischen Halbinsel geht laut einigen Quellen auf zwei Punkte zurück:

1. Sie wurden von dem römischen Reich vertrieben.

2. Einige von ihnen erwarteten den neuen Propheten aus den Nachkommen Ismaels von dem laut einige Quellen im alten und im neuen Testament die Rede ist. Sie erhofften sich ihn in der Nähe des Hidschaz anzutreffen, um an ihn zu glauben und an seiner Seite zu kämpfen.[5]

Nicht nur die Araber lebte zu jener Zeit in Dunkelheit, die ganze Welt war im 6. Jhr. in Unwissenheit und Dunkelheit versunken. Es war eine Anomie der Menschlichkeit und ein Tiefpunkt der guten Charakterzüge. Der Prophet sagt: „Allah blickte auf die Menschen auf der Erde hinab und war mit allen, außer ein paar von den Besitzern der Schrift, nicht zufrieden."

Hieraus entstand die Notwendigkeit des Propheten, um die Menschheit aus ihrer Dunkelheit zu befreien. Die Botschaft Muhammads ist keine neue Botschaft, sondern beinhaltet neue Verhaltensnormen bzw.

---

[5] Ebd. S.32.

Rechtsregelungen. Sie stellt eine Fortführung und Ergänzung der bereits entsandten himmlischen Botschaften. Dieses Mal jedoch, spricht Allah in seiner Botschaft nicht nur ein Volk an, sondern sie ist an die gesamte Menschheit gerichtet.

Doch warum ist ausgerechnet die arabische Halbinsel als Quelle dieser Botschaft ausgewählt worden? Die Antwort darauf findet sich in der Bitte von Abraham, der selbst darum gebeten hat:

> *„Unser Herr! Lass unter ihnen einen Gesandten*
> *erstehen, aus ihrer Mitte, der ihnen deine Verse*
> *vorträgt, sie das Buch und die Weisheit lehrt und*
> *sie läutert! Siehe, du bist der Mächtige, der Weise."*
> *(Koran 2:129)*

Das ist, was uns der Koran darüber mitteilt. Allah wollte, dass sein letzter Gesandte von den Enkelkindern Ismaels kommt.

Die jüdischen und christlichen Quellen, die über das Aufkommen eines Propheten in dieser Region berichten, sind viele und vielfältig. Früher war die frohe Botschaft über einen neuen Propheten auf der arabischen Halbinsel von der religiösen Elite, der Religionen geheim gehalten worden, doch heute sind die Quellen dafür aus der Originalsprache in allen Sprachen der Welt übersetzt worden und in geschichtlichen und religiösen Büchern nachschlagbar. In vielen Sira-Verfassungen wird versucht durch verschiedene Zugänge einen nachvollziehbaren Grund dafür zu finden, warum die Botschaft genau dort offenbart wurde, wo sie offenbart wurde. All diese Versuche sind rein theoretisch und nicht von Nutzen, da Allah der Erhabene keine Gründe für die Hinabsendung eines Gesandten braucht. Nicht die Umstände entscheiden darüber, was Allah will, sondern Allah der Allwissende hat noch bevor Er die Welt erschuf, den Ort und die Zeit entschieden. Allah allein weiß, wohin Er Seine Gesandten und Seine Botschaften entsendet.

Nicht nur die Araber, sondern die ganze Welt hat den Bedarf gehabt aus dieser Dunkelheit befreit zu werden. Allah wählte die arabische Halbinsel für die letzte Botschaft aus und wählte genauso die Gebiete in der Nähe (Nahe-Osten) für alle anderen Offenbarungen davor aus.

Das Problem bestand nicht darin eine Glaubenslehre wieder Korrektur zu stellen oder eine bestimmte Gesellschaft zu verbessern, sondern es ging viel mehr darum eine Unwissenheit und den Polytheismus zu beheben, die sich im Laufe der Jahrhunderte und Generationen gehäuft haben. Darunter begraben befanden sich die Lehren und Botschaften der Propheten und Gesandten und die Mühen der Rechtschaffenen und GelehrtInnen.

## Die frohen Ankündigungen

Allah mit Seiner Allwissenheit wollte, dass aus dieser Umma (dt. Gemeinschaft) die beste Umma für die Menschheit hervorgeht. Die beste Umma, weil sie monotheistisch und gläubig ist und dem göttlichen Plan nach geht. Die beste Umma, weil sie die himmlische Verantwortung trägt, Menschen mit einer spirituellen Vision über die Bedeutung der Existenz und des Lebens zu bauen. Diese Vision ist eine spirituelle, die auf drei Säulen baut, die miteinander verbunden sind und den Boden für das wahre islamische Leben bilden: Wissen, Verstand und Weisheit.

Bevor wir zu den Zeichen über die frohe Botschaft der Erscheinung des Propheten kommen, sind einige Verse zu beleuchten, die darauf hinweisen. Allah sagt in Sure al-Araf (7:157):

> *„Die dem Gesandten folgen, dem schriftunkundigen Propheten, von dem geschrieben finden sie bei sich in Gesetz und Evangelium, der ihnen das Gute gebietet und das Verwerfliche verbietet, der ihnen die guten Dinge erlaubt und die niederträchtigen verwehrt und der ihnen ihre Last abnimmt und die Fesseln, die auf ihnen lagen. Die also an ihn glauben und ihm helfend zur Seite stehen und dem Licht folgen, das mit ihm herabgesandt ist, das sind die, denen es wohlergeht!"* (7:157)

Heute gibt es verschiedene Exemplare des Testaments und es ist von vier Evangelien die Rede, die von vielen Kirchen offiziell herangezogen werden. Nicht alle Exemplare entsprechen der Originalbotschaft und einige Menscehn des christlichen Glaubens zweifeln an sie. Aufgrund der Abänderungen in den Quellen und der Differenzen zwischen den verschiedenen Exemplaren haben wir uns hier dazu entschieden, uns auf das zu berufen, was der Theologe und frühere Priester Prof. Abd al-Ahad Dawuud verfasst hat. Er sammelte alle Schriften zur sogenannten Ankündigung über das Kommen Muhammads in seinem Werk: „Muhammad, wie er in den christlichen und jüdischen Büchern erwähnt wird". Wir beziehen uns darauf als eine der sichersten und ehrlichsten Quellen zu diesem Thema.

Abd al-Ahad Dawuud entdeckte in den 80er Jahren des letzten Jahrhunderts ganz alte Exemplare von Evangelien, die auf Leder geschrieben waren und die sich in wesentlichen Kernaussagen von den vier offiziellen Evangelien unterschieden. Sie widersprechen beispielsweise der Theorie von der Kreuzigung Jesu und übereinstimmt mit dem Koran, dass nicht Jesus, sondern eine andere Person, gekreuzigt worden ist.

Fangen wir zuerst mit dem an, was auf den Propheten Musa herabgesandt wurde. So wird in Deuteronomium 18/18 berichtet: „Ich entsende ihnen einen Propheten, wie dich aus ihren Geschwistern und werde Meine Worte in seinen Mund legen". Daraufhin sagt Musa zu seiner Gefolgschaft: „Gott wird aus euren Geschwistern einen Propheten wie mich entsenden, so gehorcht ihm in allem, was er sagt und wer diesem Propheten nicht gehorcht wird vernichtet." (Muzakirat al-Rusul 3/22_23)[6].

Die klare Botschaft aus diesen Aussagen ist, dass wer den kommenden Propheten nicht gehorcht, nicht zu den wahrhaftigen Juden gehört, weil er der Anweisung Moses nicht folgt und sich somit von der Gemeinschaft abschottet.

Die Prophezeiung Moses spricht über „das strahlende Licht ausgehend von Faran" also von Kafar, den Gebirgen Mekkas. Im Buch (Deuteronomium 2/23) wird berichtet: „Das Licht des Herren kam von Sinaa und erleuchtete durch Saaiir und es strahlte durch die Berge Farans. Mit diesem Licht kamen 10.000 Priester und die Scharia strahlend in seiner rechten Hand." Gemeint mit diesem Zeichen ist laut einigen Quellen, dass das Licht des Herren von Sinaa die Botschaft Moses ist. Das Erscheinen aus Saaiir ist ebenfalls die Botschaft Moses und das Strahlen aus Faran die Botschaft Muhammeds.

Abd al-Ahad Dawuud sagt: „Die Prophetenschaft bestätigte sich buchstäblich und Muhammad ist derjenige, der Mekka mit 10.000 Gläubigen betrat. Er kehrte zum Haus Gottes zurück und in seiner Rechten der Abschluss der himmlischen Rechtsregelungen (der Koran). Das göttliche Licht durchleuchtete die Bergen Mekkas, dem Land der Of-

---

[6] Dawuud, Abd al-Ahad: Muhammad, wie er in den Büchern der Juden und der Christen vorkommt. Übersetzt von Muhammed Faruq al-Zain, al-Abikan, Riad, 2010, S.26.

fenbarung in dem das Haus Gottes geehrt wird. In ihr werden die Opfergaben erbracht und das nicht für die Kirche, wie es die Prophezeiung vom Propheten sagt (Safar/Buch Habquq 3/3): „Der Heilige vom Berg Faran deckte mit seinem Ruhm die Himmel und die Erde erfüllte sich mit seinem Dank (ar. Hamd)." Das Wort „Dank" (ar. Hamd) ist hier entscheidend, da der Name „Muhammad" wörtlich der „Lobenswürdige" bedeutet. Angesichts der mehreren Ankündigungen haben wir uns nur mit der Erwähnung einiger begnügt.

Dieses wichtige Thema beenden wir mit der Geschichte des geehrten Prophetengefährten Salman al-Farisi. Seine Geschichte ist ein bezeugendes Beispiel für die Liebe zur Wahrheit und dem Zurücklegen eines weiten Weges, um sie zu erlangen. Sie ist eine Bekräftigung der Ankündigungen. Sie ist eine Geschichte der seelischen Suche und der ewigen Opferung. Nachfolgend schildern wir sie kurzgefasst aber ohne dabei ihren glaubensvollen, imanischen Kern umzugehen. Mabah Yuzkhshan (der später nach seiner Konvertierung Salman al-Farisi genannt wird) wurde in der Gegend Asfahan, in Faris geboren. Sein Vater war ein Anbeter des Feuers (ar. Majus). Er wurde schon in jungen Jahren damit beauftragt, sich um das Feuer zu kümmern, damit sie im Tempel auf ewig lodert. Das ist unter den Majus eine ehrenvolle, große Aufgabe. Einer Tages verlies Salman das Haus, um sich auf dem Weg zum Feld seines Vaters zu begeben. Er ging an eine Kirch vorbei und hörte zum ersten Mal das Rezitieren von Evangelien und Psalmen. Er ging hinein mitgerissen von den christlichen Gebeten.

Salman wusste bis dahin nichts über die Religion von Jesus aber sein Herz öffnete sich dieser sehr schnell und er wollte mehr über das Christentum erfahren. Er fragte, wo der Ursprung dieses Glaubens lag und ihm wurde geraten, falls er mehr über das Christentum lernen wolle, sich zum Sham (nach Großsyrien) zu begeben, um dort einem der Priester zu dienen und von ihm zu lernen. Dem Rat folgend flüchtete er aus seinem Land und ließ seinen Vater und all seinen Besitz zurück, um einen Priester in Großsyrien zu suchen. Es gab dort eine kleine Gruppe von Priestern, die noch das wahre Christentum befolgten, aber sie waren allesamt sehr alt und dem Ableben nahe. Kurz vor dem Tod des Priesters von Großsyrien, riet der Priester Salman zu einem Kollegen von ihm nach Musil zu reisen, damit er bei ihm über das Christentum weiterlernen kann.

Salman reiste tatsächlich von al-Sham (Großsyrien) nach Musil und traf dort den Priester bei ihm zu Hause. Seine Lernreise setzte sich fort. Als der Priester von Musil sich dem Tod näherte leitete er Salman zu einem weiteren Priester in der Gegend Umuriyah in Großsyrien weiter, der für sein breites Wissen bekannt war. Salman kehrte, ohne zu zögern nach Großsyrien zurück und das von der Sehnsucht nach der großen Wahrheit begleitet. Das war seine letzte Station mit den Priestern und der Kirche. Nach wenigen Jahren wiederholte sich dieselbe Situation und der Priester von Umuriyah lag im Sterben. Salman bat ihn um Rat und dieser antwortete: „Oh mein Sohn, ich kenne keinen mehr von den Priestern unserer Kirche, den ich dir empfehlen kann. Alle sind verstorben. Aber es ist die Zeit eines neuen Propheten gekommen, der mit der

Religion Abrahams gesandt wurde. Er kommt aus dem arabischen Land und vereist in ein Land zwischen zwei Bergen, zwischen ihnen sind Palmen. Er besitzt unverborgene Zeichen:

Er nimmt Geschenke an aber keine Almosen und zwischen seinen Schultern ist ein Prophetenstempel abgebildet. Wenn du zu diesem Land reisen kannst, dann mache das."

Hätte dieser verstorbene Priester keinen Zugang zu heiligen Büchern gehabt, in denen die Botschaft über den neuen Propheten Muhammad verkündet wird, hätte er Salman diesen Rat mit dieser Beschreibung nicht geben und sogar die Hidschra nach Medina erwähnen können. Voller Entschlossenheit und begleitet von der seelischen Sehnsucht reiste Salman seinem Schicksal entgegen. Er zögerte bei all den Ratschlägen der verstorbenen Priester nicht, aber der Ratschlag des letzten Priesters nahm ihn besonders mit.

Dieses Mal suchte er nicht nach einem Priester oder einem Mönchen, der ihm christliche Lehren beibrachte, sondern nach dem letzten aller Propheten und Gesandten, der ihm die letzte Botschaft des Himmels mitteilen sollte und ihm die Wahrheit brachte, nach der er sein halbes Leben lang suchte. Salman blieb zunächst eine Zeit lang in U-muriyah und suchte nach jemanden, der ihn zum beschriebenen Ort führt. Er fand schließlich eine Gruppe Händler, die ihn mitnahm. Im Gegenzug gab er ihnen alles was er noch besaß, 2 Kühe und einige Ziegen.

Er reiste mit ihnen bis Wady al-Qura und dort hintergangen ihn die Händler und verkauften ihn als Sklaven an einen jüdischen Mann. Salman hatte sich dieses schreckliche Schicksal nicht erwartet. Er suchte schließlich nach denjenigen, der ihn von der Dunkelheit befreit und in das Licht führt und nicht jemanden, der ihn versklavt. Sein Herr schickte ihn in eine Ortschaft in der Nähe von Yathrib (Medina), damit er dort am Feld arbeitete. Eines Tages besuchte der jüdische Herr seinen Cousin vom Stamm Banu Quraydha in Medina und verkaufte ihm Salman.

Als Salman die Stadt mit ihren Palmen sah, spürte er, dass er endlich an dem gesuchten Ort angekommen ist. Es ist nicht wichtig, wie er angekommen ist, sondern dass er dort angekommen ist, wo Allah ihn haben wollte. Salman erkannte, dass das die Stadt ist, die der Priester ihm vor seinem Tod beschrieben hatte.

Sein vorgeschriebenes Schicksal führte ihn schließlich zur Wahrheit, nach der er viele Jahre lang gesucht hatte. Sein neuer Herr besuchte eines Tages einen Verwandten und sagte ihm im Gespräch: „Möge Allah Bani Qila (Konia von Bani Aus) bekämpfen! Sie versammeln sich heute zum Empfang eines Mannes aus Mekka und behaupten er sei ein Prophet!" Salman stellte sich auf und spürte, dass das die Botschaft ist, die er hören wollte und dass er genau deswegen gekommen war.

Die Botschaft des Priesters von Umuriyah ist in Erfüllung gegangen. Gott plante für ihn, dass er genau dann ankommt, wenn der Prophet auch ankommt. Salam sagt dazu: „Am Abend ergriff ich die Gelegenheit und ging nach Qibaa. Ich hatte einige Dattel mit mir. Als ich bei dem Propheten ankam sagte ich: ‚Ich habe gehört, dass du ein aufrichtiger Mann bist und dass du bedürftige Gefährten hast. Diese Datteln hatte ich als Almosen aufgehoben und sehe, dass ihr diese eher gebrauchen könntet.' Er nahm sie von mir und verteilte sie an seine Gefährten, damit sie davon aßen und aß selbst nichts davon. Ich sagte zu mir: ‚Eine Sache ist erfüllt' und entfernte mich. Nach wenigen Tagen ging ich wieder zu ihm. Er war bereits in Medina angekommen und gerade dabei einen seiner Gefährte zu begraben. Ich sagte zu ihm: ‚Ich habe gesehen, dass du von Almosen nichts isst und habe dir ein Geschenk gebracht'. Er nahm das Geschenk an und aß davon mit seinen Gefährten. Ich versuchte auf die Schulter zu spähen, um das dritte Zeichen, den Stempel des Prophetentums, zu sehen. Als der Prophet mich sah, merkte er, dass ich gerade dabei bin, etwas herauszufinden und zog sein Gewand aus. Ich sah den Prophetenstempel zwischen seinen Schultern und warf mich weinend über ihn und küsste ihn. Ich erzählte ihm meine lange Geschichte und er war beeindruckt und bat mich diese seinen Gefährten weiter zu erzählen."[7]

Nachdem Salman würdig und frei in seinem Land gelebt hatte, führte ihn sein Schicksal durch einen schwierigen und langen Weg, den er willig beschritt. Er machte auf der Suche nach der Wahrheit, nach Gott und dem Weg zu Ihm alles, was er nur machen konnte. Doch am

---

[7] Ibn Haschim, al-Sira al-Nabawiyah, Dar al-Maaref, Beirut, 2012, S.209-214.

Ende dieses Weges und nach dem er als Sklaven gefangen von Einem zum Anderen verkauft wurde, erreichte er den Propheten Gottes. Gott wollte, dass er den geehrten Gesandten erreichte, damit dieser Salman zu Allah führen kann.

Der Prophet befreite Salman durch die Spenden der Muslime aus seiner Sklaverei und der Islam befreite ihn aus der inneren Sklaverei der Dunkelheit. Das Herz Salmans war bereit die muhammadenischen Lichter zu empfangen und durstig nach dem Glauben. Er lernte sehr schnell die göttlichen Lehren, so dass der Prophet einst über ihn sagte: „Salman ist vom Wissen gesättigt".

Von der Schönheit des Islams ist, dass Salman, der ursprüngliche Perser, der eigentlich von den Majuz (dt. Feueranbeter) kommt, wie sein Bruder Bilal ibn Rabah wird, der Sklave aus Abessinien, der aus dem tiefsten Afrika kommt und der aufgrund seines Glaubens fast zu Tode gefoltert wurde. Beide sind zu den nahen Gefährten des Propheten geworden, während Abu Lahab, der Onkel des Propheten, dessen Hochmütigkeit und Unwissenheit sein Herz von der Wahrheit erblinden ließ, zu den Gegnern des Propheten wurde und nicht zu jenen, die Allah liebt.[8]

---

[8] In der Tat ist Bilal gebürtiger Mekkaner und seine Mama, Hamama, die Schwester von Abraha al-Habashy, der versucht hatte, die Kaaba zu zerstören. Hamama überlebte die damals entsandte Vogel-Plage. Sie wurde zu Khalaf geführt, dem Vater von Umaya bin Khalaf und heiratete dort Rabah, einem Diener dort. Von ihm bekam sie Bilal, Gottes Wohlgefallen auf ihn.

# 1. Kapitel: Das heilige Mekka: Die Wiege der Offenbarung

*"Mohammed ist nichts als ein Gesandter, dem*
*andere Gesandte vorausgegangen sind." (Koran*
*3:144)*

Das Schicksal Mekkas ist ein göttliches und gesegnetes. An diesem Ort, wie im geehrten Jerusalem (al-Quds in Palästina), verbindet sich das heilige Himmlische mit dem vergänglichen Irdischen, in einer ewigen Verbundenheit, bis Allah die Welt und alles darauf wieder einnimmt.

Mekka erlebte zwei göttliche Zeiten: die abrahamitische Zeit, die die Gründungszeit von Mekka und der abrahamitischen Menschheit beschreibt, und die muhammadenische Zeit, die Zeit der neuen Menschheit.

Trotz der Jahrtausende zwischen ihnen sind die zwei Zeiten seelisch miteinander verbunden. Den Ort Mekka suchte sich Allahs Prophet Abraham aus, als er mit seiner schwangeren Frau Hajar vom Irak nach Jerusalem reiste, aufgrund der Anfeindung, die er von seinem Volk, das polytheistisch war, zu spüren bekam. Nachdem sein Sohn Ismail in Khalil geboren wurde, reiste sein Vater mit ihm und Hajar nach Mekka und Allah befahl ihnen hier „die Grundlagen des heiligen Hauses[9] hoch zu heben", damit es eine Gebetsrichtung und ein Pilgerort für die Menschen wird. Sie sollen dabei zu Gott beten, dass Er sie ergeben macht und dass aus ihren Nachkommen eine gottergebene Gemeinschaft entsteht.

Dann bat Abraham Gott darum, einen Propheten aus dieser muslimischen Gemeinschaft zu senden. Allah sagt in Sure al-Baqaraa (2:127-129):

> „(127) Damals, als Abraham die Fundamente
> von dem Haus errichtete mit Ismael: «Unser Herr!
> Nimm es von uns an! Siehe, du bist der Hörende,
> der Wissende. (128) Unser Herr! Mach uns beide
> zu dir Ergebenen, und mach aus unseren Kindes-
> kindern eine Gemeinde, die dir ergeben ist! Zeig
> uns unsere Opferriten, und wende dich uns zu!
> Siehe, du bist es, der sich gnädig zukehrt, der Barm-
> herzige. (129) Unser Herr! Lass unter ihnen einen
> Gesandten erstehen, aus ihrer Mitte, der ihnen
> deine Verse vorträgt, sie das Buch und die Weisheit
> lehrt und sie läutert!"

Als der Prophet Muhammad über seine Befehlsgrundlage gefragt wurde antwortete er: „Ich bin das erfüllte Bittgebet von meinen Vater Abraham und die frohe Botschaft Jesu, Friede sei mit ihnen und der Traum meiner Mutter."

---

[9] Es wird gesagt, dass der erste, der die Kaba gebaut hat, Adam war. Nachgebaut wurde sie dann vom Propheten Schayth. Danach stellte Abraham ihre Grundsäulen auf.

Der geehrte Prophet kam nicht mit einer neuen Religion. Er gehörte zu den Nachfolgern Ismails und Gott befahl ihm Muslim zu sein und der Religion von Abraham anzugehören, den Vater der Propheten.

*Abraham war weder Jude noch Christ;*
*sondern er war ein wahrer Gläubiger, ein Gotterge-*
*bener. (Koran 3:67)*

Abraham war der Gründer aller abrahamitischen Religionen. Die Rechtsreglungen unterscheiden sich zwar, aber der Islam ist nichts als die Fortführung der einzigen Religion Gottes. Der erhabene Gott sagt im Koran.

*„Siehe, wir offenbarten dir, so wie wir Noah of-*
*fenbarten und den Propheten nach ihm. Wir offen-*
*barten Abraham und Ismael und Isaak und Jakob;*
*den Stämmen, Jesus, Hiob, Jona, Aaron, Salomo.*
*David gaben wir den Psalter." (Koran 4:163)*

Der Islam vereinigte die Seele der Psalmen von David, die Thora von Moses und das Evangelium von Jesus. Diese verschiedenen Religionen und Rechtsregelungen sind in Verbindung und vereinigen sich in der Religion des Islams. Es überschlugen sich die verschiedenen Schicksale, damit die muhammadenische Sonne aufgeht. In Mekka wird der letzte aller Gottespropheten geboren. Das ereignete sich am Montag, des Monats Rabii al-Awal im Jahr des Elefanten, was dem Jahr 570/571 n. Chr. entspricht – 53 Jahre vor der Hidschra. In Mekka wurde die himmlische Botschaft, die an die ganze Menschheit gerichtet war, offenbart. Der Prophet Muhammad gehörte dem Stamm Banu Hashim an, der neben den anderen Stämmen zwar weniger wohlhabend war, aber ein größeres Ansehen und eine größere Wertschätzung unter den Arabern genoss. Gott bestimmte für ihn, dass er ein Waisenkind und ein Einzelkind wird und das als Ehrung damit seine Zugehörigkeit allein zu Gott gehört.[10] Sieben Monate vor der Geburt Muhammads verstarb sein junger Vater auf seinem Rückweg von einer Reise nach Großsyrien. Der Vater Abdullah hatte vor seiner Reise nur drei Tage mit seiner Ehefrau Amina verbracht. Als der Prophet 5 bis 6 Jahre alt war, verstarb seine Mutter vor seinen Augen. Sie waren auf dem Rückweg von Yathrib, in dem Amina das Grab ihres Vaters besucht hatte. Der tiefgründigen Trauer über den Tod seines Vaters fügte sich ein zusätzlicher tiefer Schmerz.

Doch alles geschieht mit der Weisheit Gottes. Dem Propheten blieb niemand außer seinen Großvater und sein Onkel. Vor dem Tod seiner Mutter verbrachte er drei und halb Jahre bei seiner Amme Halima, die zu den Beduinen gehörte. Es gehörte zur Tradition der noblen Araber, dass sie ihre Kleinkinder zu den Beduinen schickten, um körperlich und geistig gesund heranzuwachsen. Muhammad sah seinen Vater nie und lebte nicht lange mit seiner Mutter. Nach ihrem Tod lebte er in den Armen seines Großvaters Abd al-Muttalib, der ihn sehr liebte und ihn fürsorglich aufnahm. Er ist derjenige, der ihn Muhammad benannte, denn er wollte, dass sein Enkelkind im Himmel und in der Erde gelobt

---

[10] Al-Maliki, Muhammed der vollkommene Mensch/, Markaz Ahl Al Sunnh, Ghajrat, Indien, 2001, S.14.

wird. Sein Wunsch ging in Erfüllung. Er war das einzige Kind in der ganzen arabischen Halbinsel, das diesen Namen trug. Der von Muhammad geliebte Großvater befand sich in seinen 80er Jahren und verstarb. Danach kam Muhammad in Obhut seines Onkels Abu Talib.

Ein Waisenkind zu sein war für den Propheten eine göttliche, pädagogische Erziehungsmaßnahme und es war ein Bestandteil des Selbstaufbaus, der Charakterbildung und der Wissensaneignung. Das hatte eine positive Auswirkung auf den späteren Lebensverlauf Muhammads als Mensch und als Prophet. Diese schweren Kindheitsjahre spiegelten sich später in seine hohe Authentizität, Empathie und Menschlichkeit. Später sagte der Prophet einst, dass er und die Paten von Waisenkindern zusammen im Paradies sein werden.

Es ist wichtig, dass das Leben vom Propheten von Anbeginn behütet ist, damit ihr göttlicher Kern geschützt ist. Muhammad war eine ausgewogene, stabile Person, die von allen geliebt war. Er war schon als Kind dafür bekannt, dass er die Götzen und alle damit verbundenen Rituale verabscheute und nie daran teilnahm. Er sagte auch selbst in einer Überlieferung: „Bei Gott, ich kam den Götzen nie nahe, bis mich Gott mit dem Prophetentum ehrte."

Er ist mit stolzem Selbst und reinem Herzen geboren worden. Auch zu seiner Jugend beging er keine Jugendsünden und kannte sie nicht, er trank auch keinen Alkohol, was eigentlich zur Tradition der mekkanischen Gesellschaft gehörte. Gott beschützte ihn über die Jahre vor den inneren schlechten Trieben und vor dem Satan. Muhammad ist zweifelsohne ein Mensch, aber alle Anzeichen weisen darauf hin, dass er von Anfang an prophetischen Schutz und prophetische Eigenschaften genoss. In seiner Jugend wuchs Muhammad umgeben von den zwei wichtigsten Persönlichkeiten des Stammes Banu Hashim auf, die auch zwischen den Arabern besonders waren: Sein Onkel Hamza, der ihm das ritterliche Leben und die damit verbundenen Charaktereigenschaften und Künste beibrachte und sein Onkel al-Abbas, der ihm die Welt der Wirtschaft zeigte. Al-Abbas stand dem Propheten in vielen Situationen ehrenhaft und treu bei, noch bevor er selbst zum Islam konvertierte. Muhammad hatte auch einen treuen Freund, der ihn begleitete, Abu Bakr al-Siddiq.

Seine Persönlichkeit ist von den Kindheitsjahren bei den Beduinen geprägt. Im Beduinenleben wurden noble arabische Werte, wie Tapferkeit, Persönlichkeitsstärke gelehrt. Seine fundierte hocharabische Sprache lernte Muhammad ebenfalls bei einem Beduinen, denn die Beduinensprache galt als die Originalquelle der Sprache. Muhammad arbeitete am Anfang seines Lebens als Hirte. Die Arbeit als Herdenführer galt als eine sehr anstrengende Arbeit, die durch die heißen Wüsten Mekkas führt. Nur vom Leben gezwungen, nahm er diese Tätigkeit auf, aber wie gesagt wird, ist es eine Tätigkeit der Propheten[11]. Sie fangen am Anfang ihres Lebens damit an Herden zu führen und das gibt ihnen die nötigen Kompetenzen, um später die Schöpfung Gottes zu führen.

---

[11] Dui Dar, Amin, Suar min hayat al-rasul, Band Bd.1, Dar El-Maref, Kairo, 1987, S. 119.

Ein Hirte zu sein ist auch eine pädagogische Tätigkeit, die guten Charakter prägt.

Durch die Tätigkeit als Hirte lernt man Verantwortung zu übernehmen, geduldig zu sein und viel auszuhalten. Sie trainiert auch die Fähigkeit zur Besinnung und zur Reinigung der Gedanken und des Inneren. In seiner Jugend fing der Prophet Muhammad an, sich den wirtschaftlichen Tätigkeiten, die er bei seinem Onkel lernte zu widmen. Muhammad wurde mit der Zeit unter der Elite Mekkas bekannt vor allem für seine schönen Charakterzüge. Er ist bekannt dafür geworden, dass er „der Ehrliche, der Wahrhaftige" war. Die Bedeutung Muhammads unter Quraish wird durch die Geschichte über den schwarzen Ziegel verdeutlicht.

Es wird gesagt, dass die Kaba zur Zeit des Propheten so abgekommen war, dass Quraish es wiederaufbauen wollte, um die Säulen zu stärken. Als sie zum schwarzen Stein gekommen sind, stritten sich die verschiedenen Stämme darüber, wem diese Ehre gebühren sollte den schwarzen Stein auf seinem Platz zurückzulegen. Der schwarze Ziegelstein war auch für die Polytheisten heilig und hatte eine hohe Bedeutung. Als sich der Konflikt verschärfte, einigten sich die Stammesoberhaupte darauf, dass sie den ersten Mann, der durch die Gebetsstättentür kommt über die Situation entscheiden lassen.

Der Erste, der durch die Tür kam, war der Prophet Muhammad und die Anwesenden freuten sich darüber: „Da ist der Ehrliche, der Wahrhaftige. Wir sind mit ihm als Richter zufrieden." Nachdem sie ihm die

Situation schilderten, zog er sein Obergewand aus, legte den schwarzen Stein in die Mitte und bat alle Stammesoberhaupte darum, jeweils eine Ecke des Gewands hochzuheben. Somit nahmen alle an dieser Ehre teil. Am richtigen Platz ankommen hob der Prophet den Stein und legte die Ziegel nieder. Mit seiner Weisheit beseitigte der Prophet einen Konflikt zwischen den verschiedene Stämmen Mekkas. Die Geschichte zeigt uns Zweierlei: Zum einen die hohe Bedeutung Muhammads in Quraisch und zum anderen seine Weisheit in der Konfliktlösung.

Sein Schicksal führte ihn zur Arbeit bei der noblen Geschäftsfrau Khadija bint Khuwajlid. Diese werte Dame stammte aus den noblesten Familien Quraishs. Sie erfuhr von der Ehrlichkeit und Wahrhaftigkeit Muhammads und bat ihn darum, bei ihr zu arbeiten. Aus seiner ersten Reise nach Großsyrien begegnet er in Basra einen Asketen, der Nostorios genannt wird, der die Stelle des bekannten islamischen Asketen Bukhaira einnahm. Nostoris teilte Muhammad auch das mit, was Bukhaira auch schon sagte: Die Barmherzigkeit Gottes ist nicht speziell für ein bestimmtes Volk oder eine bestimmte Religion. Die Aussage, dass Gott bestimmte Völker auserwählt hat, kann nicht der Wahrheit entsprechen und ist widersprüchlich. Denn Allah sendet seine Barmherzigkeit über alle Völker der Welt´. Er teilte ihm auch mit, dass Gott einen Propheten aus den Arabern entsenden wird, der viele von den

Glaubensansätze der Menschen ändern wird. [12] Nach der Rückkehr seiner ersten Reise teilte ein Diener Khadijas, der den Propheten begleitet hatte seine Faszination über die Persönlichkeit Muhammads mit.

Er erzählte ihr von seinem besonderen Charakter, seiner Bescheidenheit und seinem Respekt gegenüber anderen. Das bestätigte ohnehin das, was über ihn gesagt wurde und weckte in der edlen Dame die Liebe zum Propheten. Bei der ersten Begegnung nach der Reise schlug Khadija Muhammad vor, sie zu heiraten. Sie hatte davor viele Heiratsanträge von hochangesehenen Mekkanern abgelehnt. Muhammad kannte den hohen gesellschaftlichen Status Khadijas und wusste, dass sie für Nobelheit und Reinheit bekannt war und er zögerte nicht den Antrag anzunehmen, obwohl sie eine Witwe war und um 15 Jahre älter. Aber der Ehevertrag, wie die Gläubigen sagen, wird bereits im Himmel unterzeichnet. Muhammad heiratete mit 25 Jahren Khadija, die damals 40 Jahre alt war. Im Laufe der kommenden 15 Jahre ihres Ehelebens wurde Muhammad mit einem idealen Familienleben gesegnet. Khadija gab ihm die familiäre Wärme, Geborgenheit und alles was er in seiner Kindheit und Jugend vermisst hatte. Sie gebar ihm sechs Kinder, vier Mädchen und zwei Knaben. Die zwei Knaben starben im Baby-Alter und ihm blieben die Mädchen Rukaya, Um Kulthum, Zeinab und Fatima über. Fatima nimmt später in der islamischen Geschichte einen hohen Platz ein.

---

[12] Georgio ebd. Seite 43

Besonders an diesem Geschichtsabschnitt ist die gesellschaftliche Stellung der Frau in der Zeit der „Unwissenheit" (die Zeit vor der Prophetenschaft Muhammads). Edle Frauen genossen unter den Arabern eine hohe gesellschaftliche Stellung, den nötigen Respekt und quasi eine Unabhängigkeit im beruflichen Leben. Khadija war im Handel tätig und in Kontakt mit männlichen Händlern. Sie suchte sich ihren Mann selbst aus. Aber diese Freiheiten galten eventuell nicht für alle Frauen, wir wissen es nicht. Allenfalls kommt später der Islam und gibt der Frau in der medinensischen Phase Erbrechte, die sie davor nicht bekommen hatte. Der Islam sicherte ihre finanziellen Rechte und erhöht ihre gesellschaftliche Stellung.

## Die Höhle Hira: Geburt der Prophetentum

Der Prophet hatte eine Verabredung mit Gott. Wer sich seine Sira anschaut, der wird wissen, dass er sehr gottverbunden lebte. Die Geschichte des Propheten und sein Lebensplan ist von Gott vorgezeichnet worden und das wird uns die Sure al-Duha demnächst bestätigen. Seine Einkehr in der Höhle Hira war der Anfang der Verbundenheit seines Herzes mit den Himmel. Es war eine Einkehr zur Besinnung und zum Gedenken Gottes. Er suchte sich jedes Jahr den Monat Ramadan aus, um in der Höhle auf der Spitze des Berges, einige Meilen von Mekka entfernt seelisch einzukehren. Sein abrahamitischer Glaube gab ihm die nötige Voraussetzung für die Verbundenheit mit seinem Schöpfer.

Muahmmad gedachte Gott durchgehend den ganzen Monat über, sodass sein Herz gereinigt war, um die Lichtstrahlen zu empfangen.[13] Der Weg zur Höhle dauerte eine Stunde oder etwas mehr. Wenn sein Proviant an Öl und Brot oder Dattel fertig war, stieg er herab, um neuen Vorrat zu besorgen und kehrte wieder zurück. Das zeigt uns die Wichtigkeit dieser seelischen Tätigkeit für ihn. Manchmal stieg seine Frau Khadija auch selbst hinauf, um ihm Essen und Trinken zu bringen, damit er seine Einkehr nicht unterbricht.

Da spürte er in dieser kleinen beängstigenden Höhle, die nicht groß und weit von der Welt und ihren Leuten abgeschnitten war, einen seelischen Zustand, der ihn dazu bewegte sein Gottesgedenken vorzuführen. Er spürte eine seelische Verbundenheit zu seinem Schöpfer.

Diese Tradition führte er fünf Jahre lang. Abgesehen davon verschaffte ihm sein schöner Charakter, seine reine Seele, seine Abneigung gegenüber dem Polytheismus und sein abarahamitischer Glaube eine besondere Stellung in Mekka, sodass die Mekkaner über ihn sagten: „Muhammad hat sich in seinen Gott verliebt." Und sie hatten Recht. Wäre er nicht durch diese göttliche Liebe und den inneren göttlichen Ruf geleitet, hätte er diese langen Einkehrwochen, die damit einhergehende Anstrengung und die Entfernung von seiner Familie nicht ausgehalten. Allah gab ihm diese Liebe, um seinen Herzen auf das Tragen

---

[13] Anzar, Al-Halaby, Nur Al Din ala Ibn Ibrahim, Al Sira Al-Halabeya, bd.1, Dar al Kotub al Ilmiyah, Beirut, 2013, S. 338-399.

der Botschaft vorzubereiten. Amin Duidar schreibt in seinem Buch „Suwar min hayat al-Rasul", dass Muhammed keinen der zeitgenössischen oder frühen Abrahamiten nachahmte. Es war Gott, der ihn dazu verleitet hatte, damit er die Lichter der Prophetenschaft empfängt.[14] Auch nach seiner Prophetenschaft führte er seine Tradition der Einkehr weiter, die einen Teil seines gottverbundenen Lebens darstellte. Diese Einkehr ist eine Sunna des Propheten, die den Muslimen fehlt.

Muhammad kehrte mit seinem Herzen zurück zu Allah und war bei Ihm mit dem Herzen und der Seele. Als sein Herz eine totale Reinheit erreichte, verband er sich gänzlich mit Gott. Hier begannen göttliche Botschaften im Traum zu erscheinen. Alles was er träumte, verwirklichte sich am nächsten Tag. Auch diese Träume waren eine seelische Vorbereitung und eine der ersten Besonderheiten, die ihm Gott gab. Es wird gesagt, dass diese göttlichen Träume sechs Monate vor der Offenbarung durchgehend anhielten.

## Die mohammadenische Morgendämmerung

Die mohammadenische Morgendämmerung ist die Morgendämmerung der neuen Menschheit. In seinem vierzigsten Lebensjahr in Lailat al-Qadr (Name dieser besonderen Nacht) des Monats Ramadan (610 n. Chr.) und nach einem langen Tag der Gottesdienste und dem Gedenken in der Höhle Hira, ging Muhammad, wie gewohnt, schlafen. Während

---

[14] Duidar, Bd1, ebd. 1, S. 191.

seines Schlafens kam Gabriel, weckte ihn auf und sagte: „Lies". Muhammad sagte: „Ich kann nicht lesen". Gabriel wiederholte daraufhin: „Lies". Muhammad sagte: „Ich kann nicht lesen." Das wiederholte sich ein drittes Mal. Dann sagte Gabriel:

> *„(1) Trag vor im Namen deines Herrn, der schuf, (2) den Menschen aus Geronnenem schuf! (3) Trag vor! Denn dein Herr ist's, der hochgeehrte, (4) der mit dem Schreibrohr lehrte, (5) den Menschen, was er nicht wusste, lehrte."*
> *(Koran 96:1-5)*

Muhammad sagte: „Ich las die Verse, dann entfernte er sich von mir und die Verse waren wie in meinem Herzen abgedruckt." Das war auch künftig die Situation des Korans. Nach diesem Offenbarungsereignis eilte er vom Berg hinab zu seiner Frau Khadija, völlig benommen und beängstigt von diesem besonderen Ereignis. Er erzählte ihr darüber und sie bemerkte seine Besorgnis und seine Angst. Es wird gesagt, dass sie vor Freunde fast umgefallen wäre, da sie sehr gläubig war und als hätte sie so etwas erwartet. Es war für sie eine ganz besondere Botschaft. Gott hatte ihren Ehemann als Propheten ausgesucht, der der Menschheit die nächste Botschaft der Barmherzigkeit überbringen sollte. Sie beruhigte ihn und sagte ihm voller Gewissheit: „Gott behüte, nie würde Gott dir schaden. Ich schwöre bei Gott, du passt auf Anvertrautes auf, hilfst den Bedürftigen, stehst dem ungerecht Behandelten bei, pflegst Kontakt zu deiner Familie und sprichst ehrlich." Diese noble Dame hatte die Gewissheit, dass gute Menschen mit solchen Charaktereigenschaften kein Schaden von Gott zugeführt werden wird. Hier wird die wichtige Rolle Khadijas im Leben des Propheten deutlich. Sie war, wie er, abrahamitischen Glaubens, hatte eine Weisheit und Klugheit und war die erste Muslimin.[15] Als Khadija Gabriels Botschaft hörte, sagte sie: „Freu dich Muhammad. Ich schwöre bei dessen Hand meine Seele ist, ich hoffe, dass du Prophet dieser Umma (dt. Gemeinschaft) wirst." Zur Vergewisserung ging sie mit Muhammad zu ihrem Cousin Waraqa ibn Nawfal. Er gehörte zu den Abrahimiten und war einer anderen Ansicht nach christlich. Er war ein weiser Mann, der sich mit den heiligen Büchern, dem Evangelium und dem Alten Testament auskannte. Khadija war sich sicher, dass sie bei ihm die richtige Auslegung für dieses himmlische Ereignis finden wird. Sie sagte Waraqa: „Oh Cousin, höre, was deinem Verwandten geschah." Muhammad erzählte ihm vom Geschehen und Waraqa erkannte ohne zu zögern, welch Ehrung Muhammad von Gott bekam. Er sagte ihm: „Ich schwöre bei Gott, dass du Prophet dieser Umma bist. Zu dir ist der Große Gibrjil (Gabriel bzw. Namus) gekommen der auch zu Moses kam. Aber dein Volk wird dich der Lüge bezichtigen, dir schaden und dich vertreiben. Ich wünschte, ich wäre am Leben, wenn dich dein Volk vertreibt." Der Prophet fragte:

---

[15] Der Prophet war seiner Frau gegenüber sehr leidenschaftlich und stolz auf sie. Er sagte über sie einst: „Maryam bint Imran war die beste Frau ihrer Zeit und Khadija war ebenfalls die beste Frau ihrer Zeit." Er stellte also Maryam, die Mutter Jesu und Khadija bei Gott gleich. Khadija hatte nicht nur im Herzen des Propheten eine besondere Stelle, sondern auch bei Gott. Gibrjil sagte zu Muhammad einst: „Allah richtet dir den Gruß und richtet Khadija den Gruß aus und teilt ihr mit, dass er ihr ein Haus im Paradies gebaut hat. " Khadija antwortete darauf hin: „Gott ist der Frieden, und auf dich und auf Ihm sei Frieden."

„Werden sich mich vertreiben?" Waraqa sagte: „Ja! Niemals ist ein Mann mit derselben Botschaft wie du gekommen und wurde nicht angefeindet. Wenn dieser Tag kommt und ich noch am Leben bin, dann werde ich dich voll und ganz verteidigen."[16] Das war das Zeugnis eines gläubigen Mannes, sei es abrahamitisch oder christlich, der sich mit den himmlischen Offenbarungen und der Geschichte des Propheten auskannte.

Der Vers Iqra' war die Eröffnung für das Wissen, die Weisheit und der Schlüssel für das Gute und das himmlische Licht, dass die Morgendämmerung der neuen Menschheit durchleuchten wird. Der Koran eröffnete seine erste Lektion mit einem Befehl zur Beseitigung jeglicher Unwissenheit und Ungerechtigkeit in den Köpfen und Herzen der Menschen. Lies, um zu lernen, um zu sein. Lies um, eine Leuchte im Herzen der Menschen zu sein.

> *„als einen, der zu Gott aufruft – mit seiner Erlaubnis –, als eine Leuchte, die erstrahlt."*
> *(Koran 33:46)*

Das Kennenlernen Gottes und seiner Schöpfung und der Glaube an Ihn als Einzigen erfolgt nur durch Vollkommenheit des Wissens und der Seelenkenntnis. Das Licht und die Dunkelheit sind nicht gleich. Die Erkenntnis erfolgt nicht mit dem Wissen allein, sondern auch mit der Weisheit. Der Erhabene sagt:

---

[16] Al Nadawi ebd. S. 110.

*„Er gibt Weisheit, wem er will, und wem Weis-*
*heit gegeben wird, dem wird viel Gutes gegeben."*

*(Koran 2:269)*

Die Weisheit ist die höchste Stufe des Verstands und der Islam misst den Verstand eine dementsprechend hohe Bedeutung bei. Es gibt keine Weisheit in einem dunklen, unwissenden Gehirn.

Die erste Aufforderung an den Propheten war nicht, dass er beten oder fasten soll, sondern dass er lesen soll. Das Erste, was Allah mit dem Koran adressiert hat, war direkt der Verstand des Menschen. Und du wirst lesen, aber nicht über irgendein Wissen, sondern über die Wissenschaften des Himmels. Lies und der Herr ist der Großzügste, der erschuf und lehrte. Dieser Vers ist eine Verbindung zwischen der Schöpfung den Menschen und dem Wissen.

Diese Wörter bilden das Grundgerüst über die Wahrheit der Existenz.

Ja, der Prophet war gemessen an dem weltlichen Wissen Analphabet, aber er war wissender über die himmlischen Lehren, als alle anderen. Dass der Prophet ein Analphabet war, ist von der Weisheit Gottes, damit er nicht von sich aus spricht. Er spricht nur durch die Offenbarung, die ihm immer in bestimmten Maßen und über einen bestimmten Weg die göttlichen Lehren über bringt. Allah sagt ihm:

*„Gott sandte das Buch und die Weisheit auf dich*
*herab und lehrte dich, was du zuvor nicht wusstest.*
*Gottes Huld an dir ist groß." (Koran 4:113)*

Allah brachte ihm bei, was er nicht wusste. Er schenkte ihm Wissen, Weisheit und gottverbundene Charaktereigenschaften, die nur dem Propheten zustanden. Die Wissensvermittlung an den Propheten fängt in der Höhle Hira an. Allah selbst war sein Lehrer und Erzieher. Wie ist denn ein Schüler, dessen Lehrer der Schöpfer von Allem ist? Und wie sind seine Charaktereigenschaften? Der Prophet wird später sagen: „Mein Herr erzog mich und perfektionierte meine Erziehung." Der vertrauenswürdige Engel Gibrjil überbrachte die himmlische Lehre und verfolgte ihre Umsetzung. Die Mutter aller Gläubigen sagt in einem Hadith: „Ich habe die Erde durchkämmt und keinen Mann, wie den Propheten Muhammad gesehen und keinen Stamm, wie den Stamm Bani Hashim."[17] Alle Propheten Gottes haben ein bestimmtes Wissen passend zu ihrem Volk bekommen. Der Koran jedoch ist nicht nur für die Araber bestimmt, sondern für die ganze Welt und Allah sagt: „Und wir gaben den Kinder Adams Würde." Die Verse, die der Prophet uns vorträgt, werden später noch Rechtnormen und Rechtsregelungen beinhalten und es wird keiner fehlgeleitet, der sich daranhält. Muhammads Taten und Aussagen werden mit der Zeit zur Sunna, eine Empfehlung zur Nachahmung. Allah befiehlt den Gläubigen, von ihnen zu lernen und sie umzusetzen:

> *„Ihr habt ja im Gesandten Gottes ein schönes Vorbild für den, der Gott und den Jüngsten Tag erwartet und der Gottes oft gedenkt." (Koran 33:21)*

---

[17] Al Maliki 2a, Muhammed al Insan Al Kamel ebd., S. 13.

Wenn die Verse des Propheten von Gibrjil vorgetragen wurden, dann prägten sie sich gleich beim ersten Mal in seinen Herzen ein und er vergisst sie nicht. Auf diese Weise verfestigte sich der ganze Koran in seinem Inneren. Der Prophet lernte vom Koran alle anderen Wissenschaften. Da der Koran das letzte himmlische Buch ist, ist er auch das wichtigste kulturelle Werk auf der Erde. Mit der fortdauernden Entwicklung des menschlichen Verstandes finden sich immer wieder neue Geheimnisse darin. Der Prophet wurde dank der himmlischen Wissenschaften zu einem Lehrer für die Muslime, Erzieher, Wissenschaftler, Weise und Staatsführer. Er wird mit seinem Volk aus der Hölle der Unwissenheit und des Polytheismus in das Universum des Wissens und des Glaubens hinaussteigen. Er wird zudem die Grundlagen und Säulen der faszinierenden, islamischen, menschlichen Hochkultur festlegen. Sein Leben stellt eine Umsetzung der koranischen Verse dar. Wer nur mit einer Offenbarung von Gott spricht, dessen Leben wird auch eine Verkörperung des heiligen Buches sein. Aisha sagt es auch in einem Hadith als sie über den Charakter des Propheten gefragt wurde: „Sein Charakter war der Koran." Eine weitere berühmte Beschreibung sagt: „Das Universum ist ein stiller Koran und der Koran ist das sprechende Universum und der Prophet ist der Koran, der auf die Erde geht." Gott schenkte dem Propheten die nobelsten gottverbunden Charaktereigenschaften und gab ihm Wissen, Weisheit, Barmherzigkeit, Geduld, Milde, Großzügigkeit und die Fähigkeit zum Verzeihen und Vergeben sowie Führungsstärke. Diese prophetischen Eigenschaften sind zu einer Sunna geworden, die der aufmerksame Muslim anstreben sollte.

Ohne diese Eigenschaften kann er kein Gläubiger sein, dessen Herz und Verstand durchleuchtet ist.

Das Festhalten an den prophetischen Eigenschaften verfestigt den Glauben und ernährt den Verstand. Deswegen sind diese Eigenschaften der Kern des Glaubens. Denn welchen Wert haben die Gottesdienste bei Allah, wenn man keine guten prophetischen Charakterzüge hat. Nach der Offenbarung des ersten Verses *Iqraa*, kam der Engel Gibrjil 4o Tage lang, einer anderen Überlieferung nach 6 Monate lang, nicht zum Propheten. Die Unterbrechung geschah aus einem Grund, den nur Gott kannte und sie hatte einen großen Einfluss auf den Propheten Muhammad. Er begann an sich selbst zu Zweifeln und dachte daran, dass Allah ihm seine Prophetenschaft entzog. Er verbrachte viel Zeit damit in den Bergen Mekkas zu spazieren und bekümmert nachzudenken. Er suchte in sich Gründe, um von den Zweifeln abzulassen. Er erinnerte sich daran, dass auch vor der Offenbarung manchmal Steine oder Felsen und Bäumen ihn mit „Friede sei mit dir Gesandte Gottes" begrüßt hatte. Khadija war während dieser Zeit immer bei ihm und versuchte ihn zu beschwichtigen und zu trösten. Ganz bald sandte Allah die Sure Al-Duha auf ihn herab, die alle Zweifel beseitigte und bestätigte, dass er immer noch in Gottes Schutz ist. Sie erinnert ihn daran, dass Allah ihn in all seinen Lebensphasen begleitet hatte.

> *„(1) Beim lichten Morgen (2) und bei der Nacht, wenn sie still ist! (3) Dein Herr hat dich nicht aufgegeben noch verschmäht. (4) Wahrlich, das Jenseits ist besser für dich als das Diesseits.*

*(5) Dein Herr wird dir geben, dass du zufrieden bist. (6) Hat er dich nicht als Waise gefunden und Zuflucht gewahrt? (7) Hat er dich nicht als Irrenden gefunden und auf den rechten Weg gefuhrt? (8) Hat er dich nicht als Armen gefunden und reich gemacht? (9) Die Waise also bedrücke nicht! (10) Den Bettler also schelte nicht! (11) Doch von der Gnade deines Herrn berichte!"* (Koran 93:1-11)

Eines Tages während er durch die Berge Mekkas ging, hörte er eine Stimme vom Himmel. Hinaufblickend sah er den Engel, dem er schon zuvor in der Höhle Hiraa begegnet hatte. In allen Himmelsrichtungen in denen Muhammed sah, sah er den Engel als würde er den ganzen Himmel bedecken. Dieser sagte zu ihm: „Ich bin Gibrjil und du bist der Gesandte Gottes." Muhammad ergriff wieder die Angst und er konnte kaum glauben, dass er ein Engel vor sich hatte. Er kehrte eilig und zittern zu seiner Familie zurück: „Deckt mich ab! Deckt mich ab!" Khadija deckte ihn und setze sich zu ihm. Als er bedeckt in seinem Bett lag, kam Gibrjil mit der nächsten himmlischen Aufgabe

*(1) Du Eingehüllter! (2) Steh auf und warne, (3) und deinen Herrn, den preise, (4) und deine Kleider, die reinige, (5) und Unreinheit, die meide, (6) und sei nicht mildtätig, auf Gegengaben hoffend, (7) und harre deines Herrn! (8) Und wenn dann geblasen wird in die Posaune, (9) so wird das dann ein schwerer Tag, (10) für die Ungläubigen kein leichter. (74: 1-10)*

Nach dem vom Himmel die Aufforderung zum Lesen gekommen war und nachdem er zu spüren bekam, dass Allah ihn begleitete, kam die erste Aufgabe seiner Botschaft, nämlich sein Volk einzuladen. Von da an begann die Offenbarung schrittweise auf ihn herab zu kommen und ihn in sich einzuprägen und er erfüllte die Aufgaben, die ihm auferlegt wurden. Die Aufforderung Allahs war am Anfang, dass er nur seinen engsten Kreis einladen sollte, ihnen die frohe Botschaft der Offenbarung überbringen und sie zum Weg Gottes rechtleiten sollte. Er musste Geduld aufweisen, denn der Himmel hatte seinen eigenen Zeitplan und Allah ist es, der alles zur rechten Zeit geschehen lässt. So fing er an seine Engsten einzuladen. Khadija war die Erste, deren Herz mit dem Vers Iqraa erleuchtet wurde, die erste Muslmin. Ihr reines Herz hatte den nötigen Nährboden für diesen Glauben und sie wartete sehnsüchtig darauf. Sowie Gibrjil den Propheten die Gebetswaschung, das Gebet und die Bittgebete beibrachte, so brachte sie der Prophet seiner Frau Khadija bei und sie fingen an gemeinsam zu beten, zwei Raqaa in der Früh und zwei Raqaa am Abend. Das war noch 10 Jahre, bevor das Gebet zur Pflicht wurde. Eines Abends kam Ali während sie beteten herein. Der Prophet hatte den acht bis neun Jährigen bei sich aufgenommen. Nach dem Gebet fragte Ali: „Für wen wirft ihr euch nieder?" Der Prophet sagte: „Wir werfen uns für Allah nieder, der mich als Propheten entsandte und mir befal, die Menschen zu ihm einzuladen." So wurde Ali noch im Kindesalter zum Muslim. Allah gebührte Ali eine große Ehre, allein schon damit, dass er im reinsten aller Häuser aufwachsen durfte. Der Prophet höchstpersönlich erzog und lehrte ihn. Er bekam die himmlischen Lichter direkt aus ihrer Quelle mit. Dieser arme Junge gehörte später zu den Gefährten mit dem meisten Wissen, der meisten Kenntnis und der größten Weisheit. Er wird für den Propheten sowie Harun für Musa sein. Ali war zudem bescheiden, mystisch, weise und ein talentierter Dichter. Er war auch einer der mutigsten Ritter der islamischen Geschichte und später auch der Schwiegersohn des Propheten und Vater von Hassan und Hussein.

Danach nahm Zaid Ibn Haris, Adoptivsohn des Propheten, den Islam an. Nach ihm wurde der Weggefährte des Propheten und der erste Kalif des Islams, Abu Bakr al-Siddiq, zum Muslim. Durch die hohe gesellschaftliche Position von Abu Bakr, der zu den nobelsten Mitgliedern Quraishs gehörte, nahm eine Reihe von jungen Menschen aus Quraish den Islam an. Zu ihnen gehörte Uthmaan ibn Affaan, der dritte Kalif, Saad ibn Abi Waqaas, Abdulrahman ibn Awf, Abu Huzayfa ibn Utbah, Musab ibn Umair und viele andere, die islamische Geschichte schrieben.

Nach der Sira von Ibn Hisham, die wie erwähnt das wichtigste historische Sira Werk ist, konvertierten auch die Töchter von Abu Bakr Asma und Aisha. Aisha war, wie Ibn Hisham erwähnt, sehr jung.[18] Sie war zwar jung, aber in einem Alter, in dem ihr Islam angenommen wurde. Wäre sie damals ein Kind gewesen, würden die Sira Werke sie nicht als eine der ersten Muslime erwähnen. Sie ist mindestens vier bis

---

[18] Ibn Hisham, ebd. S. 243.

fünf Jahre vor der Offenbarung geboren worden. Das bedeutet, dass als sie 14 Jahre später den Propheten heiratete 19 bis 20 Jahre alt war.

## Die Schule der Weisheit und der Charakterreinigung

Schnell bildete sich eine weitere Gruppe von Quraishiten, darunter Jafar ibn Abi Talib, der Lieblingscousin des Propheten, aber auch al-Arqam ibn Abi al-Arqam, dessen Haus später als Treffpunkt für die Muslime diente. Im Haus al-Arqams traf sich der Prophet mit seinen Anhängern. Später wurde dieses Haus, das auch als erste Schule des Islams bezeichnet, in der über den Koran aber auch über die Spiritualität und die Charakterreinigung gelernt wurde. Es ist auch als Haus des Friedens bekannt. Später lasen seine Gefährten immer direkt nach der Offenbarung die koranischen Verse vor und erklärte sie ihnen.

*„der ihnen das Gute gebietet und das Verwerfliche verbietet, der ihnen die guten Dinge erlaubt und die niederträchtigen verwehrt und der ihnen ihre Last abnimmt und die Fesseln, die auf ihnen lagen. Die also an ihn glauben und ihm helfend zur Seite stehen und dem Licht folgen, das mit ihm herabgesandt ist, das sind die, denen es wohlergeht!"*
*(Koran 7:157)*

Für den Propheten war es wichtig, das Wissen über den Koran und die Weisheit den Sahaba (dt. Gefährten des Propheten) in der besten Art und Weise zu vermitteln, damit sie diesem strahlenden Licht folgen konnten. Er erklärte ihnen die Suren und ihre eindeutigen und mehrdeutigen Bedeutungen. Nachdem die Sahaba die Suren auswendig lernten, trugen sie sie an die neuen Muslime weiter. Der Prophet stellte die koranische Version über das Leben, das Universum, die Schöpfung, die Menschen, die Fakten über das Gute und das Böse und die Relation des Ganzen mit dem Licht und dem Dunkel dar.

Die Charakterreinigung ist im Zentrum der prophetischen Erziehungsmethode und deshalb gab sich der Prophet die Mühe, dass der Verstand und die Seelen seiner Anhänger von der vorislamischen Jahilliyah-Phase (dt. Unwissenheits-Phase) und ihren Werten gereinigt werden. Er vermittelte ihnen stattdessen das Himmelswissen und das Licht Gottes und rüstete sie mit der noblen islamischen Ethik.

*„Gott hat den Gläubigen Gnade erwiesen,*
*da er unter ihnen einen Gesandten von den ihren*
*auftreten ließ, der ihnen seine Verse vorträgt, der*
*sie läutert und der sie lehrt die Weisheit und das*
*Buch. Sie waren ja zuvor in klarem Irrtum!"*
*(Koran 4:164)*

Der Koran fasst zusammen, dass die Aufgabe Muhammads den Gläubigen das Buch und die Weisheit beizubringen war und sie auf der Charakterebene zu reinigen. Es wird hier verbunden zwischen dem Wissen, der Charakterreinigung und der Weisheit. Diese Elemente sind es, die den Kern des Glaubens ausmachen und die ein Tor zu den himmlischen Lichtern darstellen. Genau diese drei Elemente bringen die Akzeptanz im Himmel und mit ihnen ist garantiert, dass der Gläubige in der Lage ist, geistig und seelisch einen Erfolg im dies- und im Jenseits zu erzielen.

> *„(14) Wohl ergeht es dem, der sich geläutert hat,*
> *(15) den Namen seines Herrn erwahnt und betet."*
> *(Koran 87:14-15)*

Es gibt keinen Erfolg im Dies- oder im Jenseits, außer für jene, die sich gereinigt haben und vermehrt Gott gedacht haben.

Nachdem die Sahaba die prophetischen Werte begriffen, verinnerlichten, verstanden und verwirklicht hatten, begannen sie als Vorbilder für die Muslime in ihrem Charakter, in ihrer Geduld und in ihrer Demut zu fungieren. Je mehr ihre Herzen mit dem Licht des Glaubens gefüllt waren, desto größer war ihre Liebe zu Allah und zum Gesandten. Die Liebe zum Gesandten ist klarerweise eine selbstverständliche Folge zur Liebe Gottes und gehört dazu. Es gibt keinen Glauben ohne Liebe. Uns ist somit klar, dass die Liebe der Kern des Glaubens ist. Es ist sogar eine Voraussetzung und eine Bedingung für ihn. Der Prophet wartete nur darauf, dass der Herr ihm erlaubte, seinen Glauben öffentlich bekannt zu machen. Es war an der Zeit den Glauben offen kundzutun und den Islam öffentlich bekannt zu geben.

> *„So führe aus, was dir befohlen wurde, und*
> *wende dich von den Beigesellern ab!"*
> *(Der edle Koran 15:94)*

Mit diesem Schritt stand dem Propheten gewiss keine leichte Zeit bevor und er wird von den Mekkanern bekämpft werden.

# 2. Kapitel: Kampf zwischen Gut und Böse

Der Weg der Propheten ist nicht rosig und wie es im Neuen Testament heißt wurde „kein Prophet von seinem Volk geehrt." Kein Prophet seit Nuh über Abraham, Moses, Jesus ist von Widerstand, Angriff und Bezichtigung der Lüge verschont geblieben. Quraish hat den Propheten nicht nur nicht geehrt, sondern er musste körperlich und seelisch unter ihren Angriffen leiden. Der Gesandte Gottes fand schnell die große Liebe in den Herzen seiner Anhänger in Mekka und nachher in Medina und der ganzen arabischen Halbinsel und bis heute an jedem Ort, an dem es Muslime gibt. Die Konfrontation zwischen dem Guten und dem Bösen war ein verschobener Konflikt. Es ist aber auch ein Schicksal, das man manchmal nicht vermeiden kann. Die Botschaft der Wahrheit, das Gute will den Menschen von der Boshaftigkeit und dem Dunkeln befreien und einen freien Menschen bilden, der spirituell reich ist, aufgeklärt ist und dessen Herz mit dem Himmel verbunden ist. Das Böse jedoch will, dass der Mensch blind bleibt und als potenzieller Träger der Unwissenheit bleibt und in der Tat ist der Shirk eine Dunkelheit im Herzen. Selbstverständlich wird das Leben von der Spiritualität und den Lichtern geleert, wenn man das Göttliche und das Heilige vom Leben streicht. Es wird dadurch die menschliche Natur blind. Aus Unwissenheit bleibt der Mushrik in seiner Dunkelheit und bleibt darin als wäre es das Beste, in das man verweilen kann. Der Götzendiener dient nicht einer Statue, sondern eigentlich sich selbst als „Gott". Er kann nichts weiter erblicken, als seine Neigung und Dummheit. Das Ego ist der Gott, dem am meisten auf der Erde gedient wird. Da ein Ungläubiger nichts von dem spirituellen Leben und dem Leben nach dem Tod hält und weder an Gott, dem Schicksal, noch an der Belohnung und der Bestrafung glaubt, gilt der Tod für ihn als das ewige Ende. Der Prophet und die abrahamitischen Religionen kamen, um genau diesen Unglauben abzubauen. Es ist eine Voraussetzung, um etwas Neues aufzubauen, die alte Ruine abzubauen. Es verbleibt ein Trümmer, den man auf dem Weg zu räumen hat, damit sich die Menschen zum Guten und zum Erfolg entwickeln. Deshalb hat der Islam nicht einfach die Götzen in Mekka weggeräumt, sondern eine Kette von vorislamischem Aberglauben und Unglauben, die mit der Kultur der Götzendienerei verbunden waren, mit dem Verstand und dem Herzen, die aus der göttlichen und der heiligen Botschaft stammen, ersetzen. Damit wurde auch die Macht von Quraish und die Stellung, die sie unter den heidnischen Stämmen durch die Götzendienerei erlangt hatte, abgebaut.

Die Mekkaner waren die Besitzer der Heiligenstätte und die Wärter und Diener der großen Götzen, weswegen die Araber dem Stamm Quraish eine Führungsstellung und eine besondere Vormacht gebührt hatten. Hinzu kommt, dass die Mekkaner sehr viel finanzielles Profit durch die Händler und die Pilger bekamen. Aber auch die quraishitischen Karawanen hatten eine besondere Stellung, denn sie waren vor den Angriffen der Streckenräubern auf der Wüste geschützt. Ihre Karawanen unternahmen im Jahr zwei große Reisen, im Winter ging die Karawane in den Süden zum Jemen und im Sommer in den Norden nach Großsyrien. Wenn die Mekkaner die Götzen verlieren würden, würden sie somit ihre Stellung und ihre Macht gegenüber den arabischen Stämmen verlieren.

In Sachen Götzen war also nicht der feste Glaube der Quraishiten, der wahrscheinlich gar nicht so tief war, so hartnäckig, sondern viel entscheidender war ihre wirtschaftliche und profitorientierte Lage und ihre besondere Stellung, die einen sozialen Vorteil und eine politische Macht brachte. Hier sollte erwähnt werden, dass Quraish eine der bedeutsamsten Sippen auf der ganzen arabischen Halbinsel gewesen war. Sie hat sich diese Stellung jahrelang, vor allem durch die Betreuung der heiligen Stätte, erarbeitet.

Der Prophet wurde also zur Kundmachung der Religion verpflichtet. Er marschierte zum Berg al-Safa und versammelte dort die Mekkaner. Daraufhin hielt er seine erste Kundmachung: „Würdet ihr mir glauben, wenn ich euch sagen würde, dass eine Reitergruppe am Fuß dieses Berges ist?" Die Einwohner Mekkas antworteten: „Ja, wir vertrauen dir, denn wir haben dich niemals lügen gehört." Nach dieser Bestätigung sagte Muhammad: „Ich bin ein Warner vor einer heftigen Strafe. Oh Banu Abd al-Mutalib, oh Banu Abd Manaf, oh Banu Zuhra, oh Banu Taim, oh Banu Makhzum, oh Banu Asad: wahrlich, Allah hat mir befohlen, meine nächsten Verwandten zu warnen. Ich werde euch weder im Diesseits noch im Jenseits nutzen können, es sei denn, ihr sagt: ‚Es gibt keinen Gott außer Allah'".

Der Prophet hat hiermit offiziell den Beginn der Offenbarung kundgetan und auf die wichtigsten Inhalte dieser Botschaft, nämlich dass es einen einzigen allwissenden Schöpfer gibt, der anwesend ist, der Leben und Sterben lässt, der der Herrscher ist und dass es ein Leben nach dem Tod gibt, aufmerksam gemacht. Nach dem der Prophet seine Botschaft weitergab, sagte sein Onkel Abu Utba, bekannt als Abu Lahab: „Vernichtet seist du! Hast du uns deswegen versammelt?!". Eine Antwort auf dieses Ereignis ist in Sure Al-Masad zu finden. Trotz den Beleidigungen und der Missachtung, die der Prophet bei diesem Ereignis erfuhr, blieb er ruhig. Er erwiderte sein Leben lang keine Beleidigung, da dies nicht dem prophetischen Charakter entsprechen würde und da im Koran steht:

*„Entgegne mit etwas Besserem!"*
*(Der edle Koran 41:34)*

Abu Lahab trieb es mit den Beleidigungen sehr weit und war jemand, der nichts lernte und seine Dummheit und sein Unwissen ständig wiederholte. Die zwei Söhne von Abu Lahab, Utba und Utayba waren (ausschließlich) vertraglich mit den zwei Töchtern, des Propheten Ruqaya und Um Kalthum liiert. Doch nachdem der Prophet die Offenbarung erhielt, befahl die Mutter von Utba und Utayba, die ebenfalls eine sehr böswillige Dame war, dass die Eheverträge aufgelöst werden. Dies geschah dann auch wirklich in einer sehr respektlosen Art und Weise.

Dieser respektlose Umgang hat nicht nur die zwei Töchter verletzt, sondern auch ihren Vater, den Propheten und die Mutter Khadija. Diese Entwicklungen kränkten den Propheten sehr.

In der Tat war die Anfangsphase des Islams und der Gründung die schwierigste Phase, die die Muslime überhaupt erlebten, da Quraish den Propheten und seinen Anhängern offen den Krieg erklärten. Dieser Krieg nahm laufend verschiedene Wege und schärfere Maßnahmen an. Die harten Prüfungen der ersten Jahre waren in ihrer Schwere mit Nichts zu vergleichen. Die Geduld der Muslime währenddessen war sehr vorbildlich und sie verdeutlichten, was der Glaube alles im Herzen bewegen kann.

### Die Verlegenheit Quraishs

Die Propheten fallen nicht jeden Tag vom Himmel und dass in Quraish ein Prophet entsandt wurde war ein großes Ereignis. Quraish stand vor einer großen Herausforderung und befand sich in der Verlegenheit, wie sie mit dem Propheten umgehen sollte. Zu Beginn schickten sie wichtige Persönlichkeiten aus Mekka zu ihm, die ihn davon überzeugen sollten, diesen Weg zu verlassen. Als erster ging Utba ibn al-Rabia, auch Aba al-Walid genannt, einer der weisen und klugen Anführer Mekkas, zum Propheten, als er alleine vor der Kaaba saß. Utba überlegte sich ein Angebot, dass in seinem unwissenden Verständnis attraktiv für den Propheten sein könnte. Utba fing zum Reden an: „Oh Sohn meines Bruders. Du gehörst zu uns und du kennst deine wertvolle

Stellung unter unserem Stamm. Du hast eine edle Abstammung und wirst von deiner Familie geehrt und respektiert. Du hast mit dem womit du gekommen ist deine Leute belastet und unsere Einheit zerspalten. Du hast auch unsere Götter und unsere Religion missachtet und beschimpft und das geleugnet und missachtet, woran meine und deine Vorfahren geglaubt haben. Hör mal, was ich dir anzubieten habe." Der Prophet erwiderte nur: „Bitteschön Aba al-Walid, ich höre zu." Utba fuhr fort: „Wenn du denkst, dass du dadurch Geld machen wirst, so werden wir von uns allen Geld sammeln und es dir geben, dann bist du der Reichste unter uns. Wenn du durch deine Aktionen Ruhm erlangen möchtest, so können wir dich zu unserem Anführer machen und somit nie eine Entscheidung treffen, ohne mit dir darüber zu reden. Wenn du die Herrschaft anstrebst, so können wir dich zu unserem König machen. Wenn du jedoch glaubst, dass es sich hierbei um eine Krankheit handelt, so werden wir dir die beste Arznei suchen, damit du davon geheilt wirst." Als Utba fertig war, trug ihm der Prophet die Sure al-Sajda (32) bis Vers 8 vor

*(1) Alif Lam Mim. (2) Das Buch, worin kein Zweifel ist, es ist herabgesandt vom Herrn der Weltbewohner. (3) Oder sprechen sie: Er hat es sich erdacht? O nein, es ist die Wahrheit von deinem Herrn, auf dass du ein Volk warnst, zu welchem vorher noch kein Warner kam; vielleicht lassen sie sich leiten! (4) Gott ist es, der die Himmel und die Erde und was dazwischen ist erschuf – in sechs Tagen. Dann ließ er sich hoch oben nieder auf dem Thron. Gegen ihn habt ihr nicht Beistand noch*

*Fürsprecher. Wollt ihr euch denn nicht mahnen las-*
*sen? (5) Er lenkt den Befehl, vom Himmel auf die*
*Erde, dann steigt er hinauf zu ihm, an einem Tage,*
*dessen Maß tausend Jahre sind, dem entsprechend,*
*wie ihr zählt. (6) Jener ist der Kenner des Verbor-*
*genen und des Sichtbaren, der Starke, der Barmher-*
*zige. (7) Er, der da alles, was er schuf, gut machte*
*und der mit Lehm begann des Menschen*
*Schöpfung, (8) dann seine Nachkommenschaft*
*machte aus einem Extrakt jämmerlichen Wassers,*
*(Der edle Koran 32:1-8)*

Danach rezitierte er weiter Sure Fussilat bis zum Vers 13.

*„(1) Ha Mim. (2) Herniedersendung vom barm-*
*herzigen Erbarmer. (3) Ein Buch, dessen Verse er-*
*läutert wurden, als Vortrag auf Arabisch, für Men-*
*schen, welche wissen, (4) als frohe Botschaft und als*
*Warnung. Doch die meisten von ihnen wenden sich*
*ab und hören nicht zu. (5) Sie sprechen: «Unsere*
*Herzen sind in Hüllen, die uns von dem abhalten,*
*wozu du uns aufrufst! Taubheit ist in unseren Oh-*
*ren, und zwischen dir und uns ist eine Trennwand.*
*So handle du, und auch wir werden handeln!» (6)*
*Sprich: «Siehe, ich bin ein Mensch wie ihr; mir*
*wurde eingegeben, dass euer Gott ein Gott ist! So*
*richtet euch nach ihm aus, und bittet ihn um Ver-*
*gebung!» Und wehe den Beigesellern, (7) die keine*
*Armensteuer geben und nicht ans Jenseits glauben!*
*(8) Siehe, die glauben und gute Werke tun, denen*
*wird Lohn zuteil, nicht unverdient. (9) Sprich:*
*«Wollt ihr denn wirklich nicht an den glauben, wel-*
*cher die Erde in zwei Tagen schuf? Und wollt ihr*
*neben ihn Wesen, die ihm gleichen, stellen?» Jener*

*ist der Herr der Weltbewohner! (10) Er machte auf*
*ihr Berge, festgegründet, die sich auf ihr erheben.*
*Und er segnete die Erde und bemaß auf ihr ihre*
*Nahrung in vier gleichen Tagen – für die, die da-*
*nach fragen. (11) Darauf erhob er sich zum Him-*
*mel, der noch Rauch war, und sprach zu ihm und*
*zu der Erde: «Kommt beide her zu mir, ob aus*
*freien Stücken oder unter Zwang!» Sie sprachen:*
*«Wir kommen aus freien Stücken!» (12) Da vollen-*
*dete er sie zu sieben Himmeln in zwei Tagen. Und*
*jedem Himmel gab er seine Weisung ein. Den un-*
*tersten der Himmel schmückten wir mit Leuchten*
*und auch zum Schutz. Das ist die Bestimmung des*
*Mächtigen, des Wissenden. (13) Doch wenn sie sich*
*abwenden, so sprich: «Ich warne euch hiermit vor*
*einem Donnerschlag wie dem Donnerschlag von*
*den !Ad und den Thamud.»" (Koran 41: 1-13)*

Utba lauschte andächtig der schönen Rezitation, bat den Propheten nach diesem Vers jedoch eindringlich darum, mit der Rezitation aufzuhören.

Die Araber waren klug genug zwischen den Gedichten und den Worten Gottes zu unterscheiden. Diejenigen, dessen Herzen Allah mit Licht befüllt hatte, folgten dem Licht des Himmels, wie etwa Umar ibn al-Khattab. Er verinnerlichte den Glauben nach dem er lediglich ein paar wenige Verse aus der koranischen Sure Taha gehört hatte. Jene aber, dessen Herzen blind und verschlossen sind, werden nie gläubig sein auch wenn sie die Wahrheit kennenlernen und begreifen, dass das was Muhammad sagt, die Worte Gottes sind.

Als der Prophet fertig war, sagte er zu Utba: „Jetzt hast du alles gehört und es liegt nun bei dir."

Aba al-Walid war von dem was er gehört hatte fasziniert und kehrte zum Versammlungsort Mekkas in Dar al-Nadwa zurück, um seinen Freunden und den Herrschern Mekkas davon zu berichten. Als die Leute in Dar al-Nadwa ihn kommen sahen, sagten sie: „Ich schwöre bei Gott, Aba al-Walid hat einen anderen Gesichtsausdruck als jenen mit dem er uns verlassen hatte. Was ist denn los Aba al-Walid?" Dieser antwortete: „Bei Allah, ich habe etwas gehört, das ich noch nie gehört habe und das nichts anderem ähnelt. Bei Allah, das ist weder Dichterei, noch Zauberei oder Hellseherei. Oh ihr Quraish, höret auf mich und lasst diesen Mann und was er anstrebt. Lasst ihn in Ruhe, bei Gott, die Botschaft, die ich von ihm gehört habe, wird eine wichtige Bedeutung haben. Wenn die Araber ihn besiegen, ist die Sache für euch erledigt. Wenn er jedoch die Araber besiegt, dann ist sein Sieg auch ein Sieg für euch und ihr werdet glücklich sein.

Utba ibn Rabia war ein weiser Mensch mit hoher Intelligenz aber die Anführer Quraishs waren durch ihre Sturheit verblendet, die Wahrheit zu sehen und logisch zu denken bzw. zu handeln. Bemerkenswert ist, dass er als weiser und kluger Mensch, der vom Koran und seinen Bedeutungen fasziniert war, letztendlich trotzdem als Ungläubiger starb. Sein Sohn Hizayfa jedoch war einer der ersten Gefährten, die den Islam annahmen und den Gesandten regelmäßig in Dar al-Arqam besuchten. Am Tag von Badr (kriegerische Auseinandersetzung zwischen den

Muslimen und den Quraishiten) war sein Sohn Huzayfah auf der muslimischen Seite gegen die Ungläubigen aus Mekka. Der Prophet verbot es Huzayfa in Konfrontation gegen seinen Vater anzutreten. Als sein Vater in dieser kriegerischen Auseinandersetzung verstarb, war Huzayfa sehr traurig, dass sein Vater als Ungläubiger verstorben war.

Es ist klar, dass Quraish eine nicht einfache Situation gehabt hatte. Einerseits nahmen sie die Botschaft des Propheten nicht an und andererseits war ihnen aber klar, dass die Propheten nicht aufhören, ihre Botschaften zu verkünden. Ihre Verlegenheit führte sie dazu, dass sie den Gesandten also immer wieder um Wunder bzw. um etwas Herausforderndes fragten, um dann angeblich an ihn zu glauben. Sie verlangten von ihm beispielsweise, dass er dafür sorgt, dass die Berge dem Erdboden gleichgemacht und eben werden oder dass sie in der Wüste so viele Flüsse und Gewässer haben, wie es in Großsyrien und im Irak üblich ist. Sie verlangten von Muhammad, dass er Gott darum bat, ihre Toten erncut auferstehen zu lassen, damit sie diese über die Botschaften Muhammads befragen können. Auch wollte sie, dass Gott einen Engel herabschickt, der ihnen bestätigt, dass Muhammad ein Prophet ist und dass das, was er sagt, tatsächlich von Gott stammt. Sie baten den Propheten beispielsweise auch darum, dass er ihnen Schlösser, Gärten und Schätze aus Gold und Silber verschafft, denn er gehe seinen Geschäften auf dem Markt genauso nach wie sie. Sie wollten mit materiellem Gut sehen, dass der Prophet einen Vorrang bei Gott hat

*„(90) Und sie sprachen: «Wir werden dir nicht*
*eher glauben, als bis du aus der Erde eine Quelle*
*für uns sprudeln lässt (91) oder bis du einen Gar-*
*ten hast mit Dattelpalmen und Weinstöcken und*
*dann bewirkst, dass zwischen ihnen Bäche spru-*
*deln; (92) oder bis du den Himmel – wie du be-*
*hauptet hast – in Stücken über uns fallen lässt oder*
*bis du Gott und die Engel beibringst als Bürgen*
*(93) oder bis du ein Haus hast voller Prunk oder*
*gar in den Himmel aufsteigst. Und deinem Auf-*
*stieg werden wir nicht eher Glauben schenken, bis*
*du ein Buch zu uns herniedersendest, das wir lesen*
*können.» Sprich: «Preis sei Gott!"*
*(Koran 17:90-93)*

Diese Aufforderungen und Wünsche waren lediglich eine Bestätigung für ihren Hochmut. Der Prophet sagte ihnen immer klar, dass dies
nicht Inhalt seiner Sendung war: „Ich wurde mit einer Offenbarung zu
euch gesandt. Nehmt ihr sie an, so wird es euer Glück im Diesseits und
im Jenseits sein. Weist ihr sie zurück, so will ich geduldig Gottes Entscheidung erwarten." Doch sie fuhren nur mit ihren Aufforderungen
fort: „So lasse den Himmel in Stücken auf uns herabfallen, wie es nach
deiner Behauptung dein Herr tun kann, wenn Er es will. Nur wenn du
dies vermagst, werden wir an dich glauben." „Dies liegt bei Gott", gab
der Prophet zurück, „wenn Er es mit euch tun will, wird Er es tun."

Und in der Tat wird Allah am Ende zwischen den beiden richten und
eines Tages wird Mekka den Muslimen geöffnet.

*„Sag: Ich vermag mir selbst weder Nutzen noch*
*Schaden (zu bringen), außer was Allah will. Wenn*
*ich das Verborgene wüßte, würde ich mir wahrlich*

*viel Gutes verschaffen, und Böses würde mir nicht widerfahren. Ich bin nur ein Warner und ein Frohbote für Leute, die glauben."* (Koran 7:188)

Es ist selbstverständlich, dass Gott das Geschehene sieht, Er ist der Erhabene, der Herrscher im Diesseits und im Jenseits. Was den Eindruck bestätigt, dass Gott bei allen Ereignissen anwesend war, sind die koranischen Verse, die im Laufe der Sira vor und nach den Ereignissen herabgesandt wurden und dem Leser bestätigen, dass die Anwesenheit Gottes und Sein Tun im Leben erlebbar ist. Die Verse sind gekommen, um die Herzen der Gläubigen zu beruhigen und sie in ihrem Glauben zu stärken. Gleichzeitig zeigen die koranischen Verse die Unwissenheit der Ungläubigen auf und ihre Intentionen und vernichtet ihre Argumente eines nach dem anderen und Antworten darauf mit den klaren koranischen Beweisen und Hinweisen. Allah sagt:

*„(18) Siehe, er dachte und entschied.*
*(19) Doch verflucht sei, wie er entschied!*
*(20) Und nochmals: Verflucht sei, wie er entschied! (21) Dann schaute er, (22) dann runzelte er die Stirn und blickte starr umher, (23) dann wandte er sich um, hochmütig, (24) und sprach: «Das hier ist nichts als Zauber, wie gewohnt. (25) Das hier ist nichts als Menschenwort.»*
*(Koran 74:18-25)*

## Wenn sie mir die Sonne in meine rechte legen

Quraish ertrug die neue Botschaft Muhammads nicht mehr und ging zu seinem Onkel und sagte: „Abu Talib! Du hast ein ehrwürdiges Alter und besitzt hohes Ansehen unter uns. Wir haben dich gebeten, dem Sohn deines Bruders sein Tun zu verbieten, doch du hast ihn uns nicht vom Leibe geschafft. Wahrlich, wir werden es nicht länger dulden, dass er unsere Väter beschimpft, unsere Tugenden lächerlich macht und unsere Götter verunglimpft. Entweder du bringst ihn dazu, dass er uns nicht mehr behelligt, oder wir werden gegen euch beide kämpfen, bis eine unserer Parteien untergeht." Sie erhofften sich dadurch, dass Abu Talib Muhammad keinen Schutz mehr gewährt. So ging Abu Talib schweren Herzens zu seinem Neffen Muhammad, erzählte ihm alles und sagte zum Schluss: „Verschone uns und bürde mir nicht etwas auf, was ich nicht tragen kann!" Hier gab Muhammad seine berühmte entschlossene Aussage zurück: „Mein Oheim, bei Gott, selbst wenn sie mir die Sonne in meine rechte und den Mond in meine linke Hand legen würden, um mich davon abzubringen - bevor Gott dem Islam nicht zum Sieg verholfen hat oder ich für ihn gestorben bin, werde ich nicht davon ablassen." Nach dieser Aussage sagte ihm sein Onkel: „Gehe hin, Sohn meines Bruders und verkünde, was du willst. Bei Gott, für nichts werde ich dich jemals preisgeben."

Nach diesem Ereignis spalteten sich die Sippen in verschiedene Lager: Quraish und ihre Verbündeten auf der einen und Banu Hashim, bis auf Abu Lahab, und die Muslime auf der anderen Seite. Trotz des Schutzes und der Solidarität von Bani Hashim wurde der Prophet von den

Quraishiten zurückgewiesen und körperlich und seelisch angegriffen. Quraish wiederholte immer wieder, dass dieses „Kind" von der Familie Abd al-Muttalib nicht vom Himmel angesprochen wird. Sie beauftragten ihre Dichter den Propheten verbal zu beleidigen, denn Gedichte waren damals neben den Predigten und Reden ein Massenmedium. Quraish war gespalten und erlebte zum ersten Mal in ihrer tausendjährigen Geschichte eine wahre Krise. Der Abbau der Götzendienerei wäre eine Zerstörung der bisherigen Sippen-Kultur und somit in den Augen von Quraish eine Zerstörung ihres kulturellen und historischen Erbes. Drei entscheidende islamische Werte bildeten diese Krise: Gerechtigkeit, Gleichheit und die Einzigkeit Gottes. Wenn diese drei Werte etabliert werden, ist das eine Zerstörung des Grundgerüsts der rassistischen und diskriminierenden Klassengesellschaft, die zu jener Zeit dort geherrscht hatte und eine Erschütterung für die kulturelle Basis. Der Einfluss würde nicht nur Quraish betreffen, sondern auch ihre Stellung in der arabischen Halbinsel. Mit der Verbreitung der Lehre des Islams und seinen Werte, die wie das Licht die Herzen der Muslime beleuchteten, entdeckten die Muslime, insbesondere die Armen und die Sklaven, dass der Islam sie nicht nur von der Unwissenheit, dem Unglauben und der Götzendienerei befreite, sondern auch von allen Arten der Unterdrückung und der Dunkelheit. Es ist sowohl eine Befreiung von der inneren als auch von der äußeren Dunkelheit. Die humanistischen Lehren und Werte hatten in der damaligen Zeit einen faszinierenden Einfluss auf die Herzen der Muslime. Die Geschwisterlichkeit, die der Prophet von Beginn an pflegte, stärkte die Muslimen psychisch und verfestigte sie. Somit war für die Muslime klar, dass ihre Kraft durch Allah und seinen Gesandten kommt.

> *„Doch bei Gott liegt die Macht, bei seinem Ge-*
> *sandten und den Gläubigen. Aber die Heuchler ha-*
> *ben kein Wissen."* (Koran 63:8)

Kann ein Ungläubiger verstehen, dass die Ehre und der Stolz eines Muslims von Gott stammt? Der Gläubige ist durch den Glauben an Allah, den Erhabenen geehrt und es gibt keinen anbetungswürdigen als Gott. Für Gott ist der beste Mensch nicht jener mit dem meisten Geld oder dem höchsten Ansehen, sondern mit dem stärksten Glauben. Der Prophet etablierte die Geschwisterlichkeit auf festem Boden und mit der klaren muslimischen Regel, dass die Gläubigen Geschwister sind. Es gibt keine Diskriminierung und keinen Rassismus im Islam, denn es gibt keinen Unterschied zwischen Weißen und Schwarzen, zwischen Arabern und Nicht-Arabern, außer durch ihr Gottesbewusstsein. Dieses Gottesbewusstsein befindet sich im Herzen und besteht darin zu glauben, dass Gott existiert und dass Er im Diesseits das Sagen hat. Somit sind vor dem Islam der Sklave und sein Herr beides gleichgestellt.

Eine Geschichte, die die Position des Islams zu Gleichheit als einen menschlichen Wert, zeigt ist die Geschichte von Abuzarr und Bilal. Diese Geschichte hat auch ein imanisches und moralisches Spektrum. Rassismus ist eine Tat, die von Unwissenheit zeugt und hat keinen Platz im Islam hat. Die Sahaba diskutierten einst über ein Thema, als Abuzarr al-Ghifari einen Vorschlag äußerte. Bilal (der erste Muazzin/Gebetsrufer im Islam und der erste afrikanische Muslim, der einst ein Sklave war) äußerte sich gegen diese Meinung und kritisierte sie. Daraufhin sagte Abuzarr: „Du, der Sohn einer Schwarzen, kritisierst mich?" Bilal war durch die Aussage beleidigt und ging zum Propheten, der auf seiner Seite stand und dem Rassismus eine klare Absage erteilte. Der Prophet sagte zu Abuzarr: „Du hast noch Spuren von der vorislamischen Zeit der Unwissenheit." Er forderte ihn auf sich zu entschuldigen und Allah um Vergebung zu bitten. Bilal wurde aufgrund seiner Hautfarbe diskriminiert, was der Islam nicht toleriert. Er handelte jedoch richtig, in dem er sich an die Gerechtigkeit wandte. Das zeigt uns, wie wichtig es ist, dass es eine wachsame Zivilgesellschaft gibt, damit der Rassismus keinen Platz hat.

Der Islam stellt Bilal ibn Rabah, den abbasidischen Sklaven und Abu Bakr al-Siddiq, den Gefährten des Propheten, der ihn kaufte und befreite und der der erste Kalif nach dem Propheten wurde, gleich. Im Auge des Islams sind Ammar ibn Yasser, der frühere Sklave und Hamza ibn Abd al-Muttalib, der Held aus Quraish und der Onkel des Propheten alle Brüder im Islam und gleichgestellt. Das ist ein Beispiel für die Gerechtigkeit und Gleichheit, zu der der Prophet Muhammad aufrief.

Dann gibt es noch die Glaubenslehre des Tauhids, der Einzigkeit Gottes, die der Islam zu seiner ersten Säule machte und die für die Ungläubigen aus Quraish die größte Gefahr darstellte.

> „Sprich: «Ruft doch die an, von denen ihr behauptet, es gäbe sie außer Gott! Sie besitzen nicht das Gewicht eines Stäubchens, sowohl in den Him-

*meln als auf Erden; sie haben an beidem keinen An-*
*teil, und er hat an ihnen keinen Helfer.»"*
*(Koran 34:22)*

Diese Glaubensdogma zerstörte viel von den vorislamischen Glaubensansätzen und Wegen und zeigte den Menschen die Wahrheit über die Götzen, die sie anbeteten. „Was bleibt Mekka dann noch von Macht und Ruhm, wenn der Islam erfolgreich wird?". Diese Frage stellte Duidar aber in der Tat kann gesagt werden: Wenn die Mekkaner an den Propheten und den Islam geglaubt hätten, dann hätten sie eine höhere Stellung unter den Arabern und sie hätten neben ihrem Rum einen noch größeren Rum geerntet.

## Der Glaube der Armen

### Ich kann nicht denjenigen verlassen, der mein Herz beleuchtet

Zu Beginn war die Sippenverwandschaft etwas, was die Mekkaner daran hinderte bzw. herauszögerte, dass die Mekkaner die Muslime angreifen. Sie attackierten die Muslime aus den angesehenen Sippen als Berücksichtigung der damaligen Kultur und der Regeln des Zusammenlebens nicht, aber ließen und praktizierten von Beginn an den Hass für den Islam an die armen Muslime und an die eigenen Sklaven, die an Gott glaubten und dessen Herzen mit Iman befüllt waren. Die Besitzer der muslimischen Sklaven beleidigten und folterten sie persönlich. Ummaya ibn Khalaf, der Besitzer von Bilal folterte ihn in einer beispiellosen, grausamen und barbarischen Art und Weise.

Abu Bakr rettete auch das Leben von weiteren sechs Personen, darunter vier Frauen, die unter Folter waren. Er kaufte sie von ihrem Besitzer ab und gab ihnen ihre Freiheit zurück. Er befreite sie von der Folter, wie der Islam ihre Seelen befreite. Sumaya, die Mutter des Sklaven Ammar ist jedoch den Folgen der Folter erlegen. Der Prophet ging während ihrer Folter einst an sie vorbei und sagte: „Habt Geduld, oh Familie Yaser. Denn euer Termin ist das Paradies." Abu Bakr gab sich viel Mühe, erfolgreiche Geschäfte zu machen, um sie abzukaufen und zu befreien, doch ihr Besitzer Abu Jahl hat alle Angebote abgelehnt, seien sie von Abu Bakr oder von anderen Frauen Quraishs, dessen Hebamme Sumaya mal war.

Als Quraish merkte, dass Abu Bakr die Sklaven kaufte, um sie zu befreien und dass sie danach den Islam annahmen, verboten sie den Kauf bzw. Verkauf von Sklaven. Abu Bakr investierte die Mehrheit seines Vermögens im Dienst des Islams. Der Sohn der Märtyrerin Sumaya war genauso wie Bilal. Ammar war ein 20-jähriger Junge und ein Gefährte des Propheten, der eine besondere Stellung bei ihm hatte und der lebenslang bei ihm war. Ammar lebte in der Herrschaftszeit von Abu Bakr, Uthman und Omar und verstarb in der Zeit des vierten Kalifen Ali ibn Abi Talib. Es ist erwähnenswert, dass die erste und zweite Generation der Muslime aus lauter Jugendliche bestand. Saad ibn Abi Waqqas, Ali ibn Abi Talib, Zaid ibn Harith, Ammar ibn Yasser und Bilal ibn Abi Rabah waren alle jungen Alters. Vielleicht war Bilal der älteste dieser Generation. Omar ibn al-Khattab nahm den Islam im Alter von 26 an, Uthman ibn Affan im Alter von 34 und Abu Bakr im Alter von

38. Die Geschichte beweist, dass diese Gruppe die Verantwortung in voller Ernsthaftigkeit und mit bestem Wissen und Gewissen übernahm. Es ist keine Übertreibung, wenn man sagt, dass sie dank der Erziehung des Propheten das ideale und beste Leben führten.

Ein Beispiel für den festen Glauben dieser Generation ist die Geschichte von Saad ibn Abi Waqqas mit seiner Mutter. Sie kam einst in sein Zimmer hinein und sah ihn beten. Bei diesem Anblick schrie sie ihn erschrocken an und war erbost darüber, dass er die Religion seiner Großväter verlassen hatte und zum Islam konvertierte. Sie versuchte ihn zu überreden, den Islam zu verlassen und bei eines ihrer Versuche boykottierte sie das Essen und das Trinken drei Tage lang. Ihr Sohn blieb jedoch dabei und versuchte sie von seinem Standpunkt zu überzeugen. Am dritten Tag sagte er ihr schließlich: „Trinke oder trinke nicht, esse oder esse nicht. Ich schwöre bei Gott, auch wenn du hundert Seelen hättest und eine nach dem anderen deinen Körper verlässt, würde ich die Religion Muhammads niemals verlassen." Als sie die Entschlossenheit ihres Sohnes sah, lies sie schließlich vom Boykott ab und ließ ihn in Ruhe.

Die aktive und wichtige Rolle der Frauen im Islam war in ihrer Form neu, denn der erste Mensch, der den Islam angenommen hatte, war Khadija und die erste der Märtyrer im Islam war Sumaya. Viele Frauen begleiteten die Anfänge des Islams und leisteten einen wichtigen Beitrag für den Islam. Sie verteidigten den Islam und seine Idee Schulter an Schulter neben den Männern, sowohl im Frieden als auch in schwierigen Zeiten. Es gibt viele Beispiele in der Geschichte für tapfere

Frauen, wie Nusayba bint Kaab von den Ansar, die im Krieg als Kran-kenpflegerin fungierte. Auch während dem Feldzug Uhud, bei dem es viele Verletzte gab war sie auf der Seite der Muslime und verarzte sie in dieser schwierigen Zeit. Dass die Muslime trotz allen Kämpfen Stärke und Geduld zeigten, erweckte das Erstaunen jener die mit ihnen sympathisierten. Auch die Quraishiten waren erstaunt und fragten sich, was Muhammad denn in diese Menschen bewirkte, damit sie diese Stärke zeigen und die ganze Folter aushielten. Die Antwort kann nur in dem göttlichen Licht, dass den Menschen durch den Gesandten ge-schickt wurde, gefunden werden. Dieses Licht gab ihnen eine spiritu-elle Kraft, die die körperliche Folter und die verbalen Beleidigungen standhalten konnte. Das muhammadenische Licht machte ihre Herzen lebendig und ihre Verbundenheit zum Himmel stärkte sie zusätzlich.

# 3. Kapitel: Wendepunkt und Verbreitung des Islams

Der Prophet führte in Mekka einen großen Dschihad durch und investierte viel Mühe darin, den Unglauben zu überwinden. In den ersten sechs Jahren verbreitete sich der Islam schnell. In den ersten drei Jahren war die Einladung zum Islam geheim und in den weiteren drei Jahren war sie fast öffentlich bis zum sechsten Jahr des Prophetentums des Gesandten. Im sechsten Jahr nach dem Prophetentum wollte Gott, dass der Islam durch zwei wichtige Persönlichkeiten gestärkt wird, nämlich durch die Konvertierung des Helden Quraishs und Onkel des Propheten Hamza und drei Tage später durch die Konvertierung von Omar ibn al-Khattab zum Islam. Omar nahm den Islam sofort an nach dem er die Sure Taha las. Diese besagt:

> *„Wir haben den Qur'an nicht auf dich (als Offenbarung) hinabgesandt, damit du unglücklich bist,(2) sondern als Erinnerung für denjenigen, der gottesfürchtig ist, (3) eine Offenbarung von Demjenigen, Der die Erde und die hohen Himmel erschaffen hat. (4) Der Allerbarmer ist über dem Thron erhaben. (5) Ihm gehört (alles), was in den Himmeln und was auf der Erde ist und was dazwischen und was unter dem (feuchten) Erdreich ist. (6) Und wenn du deine Worte laut vernehmbar äußerst, gewiß so weiß Er ja das Geheime und was noch verborgener ist. (7)" (Koran 20: 2-7)*

Die Sure Taha öffnete das geschlossene Herz Omars und er sagte: „Das können keine Menschenworte sein." Bevor Omar diese Verse las, war er eigentlich auf dem Weg den Propheten zu töten. Dank dieser 5 Verse ermöglichte sich ein Wendepunkt im Leben Omars und er wurde noch am selben Tag zu einem der wichtigsten Anhänger des Propheten. Der Prophet selbst sagt danach: „Allah hat mich mit vier Minister ausgestattet. Zwei vom Himmel: Gibrjil und Mikael und zwei auf der Erde: Abu Bakr und Umar." Dieser steinherzige Mann, vor dem alle Angst hatten, verwandelte sich in einen sensiblen und liebevollen Menschen mit großer Demut und tiefem Glauben. Er blieb aber bei seiner Entschiedenheit und seinen Werten, die er weiterhin mit voller Stärke vertrat. Er war bereits in vorislamischer Zeit als der Mächtige bekannt und nach seiner Konvertierung als der *Held des Islams*. Umar war der zweite Kalif und sein Name wird heute immer noch innermuslimisch als Symbol für Gerechtigkeit und als Beispiel für die gute Erziehung Muhammads genannt. Deshalb beschrieb ihn der Prophet als den *Faruq* (dt. der Entscheidende), denn er konnte eindeutig zwischen Gerechtigkeit und Ungerechtigkeit entscheiden und sich so für Gerechtigkeit einsetzen.[19] Dank dessen, dass Umar und Hamza den Islam annahmen, wurde die

---

[19] Über das Leben Umars kann man, wie auch über das Leben aller anderen Kalifen, Bücher schreiben, insbesondere wenn wir über die Zeit Umars sprechen, in die er Großsyrien (al-Scham) erobert hat und den Iraq von der persischen Besatzung befreit hat und das Sassanidenreich ein Ende ein Ende genommen hat. In der Zeit Umars wurde auch Jerusalem befreit und er hat persönlich die Schlüssel der Stadt bekommen.

Isolation des Propheten und der Muslime aufgehoben und die Einladung zum Islam wurde in der Öffentlichkeit durchgeführt. Es entstand ein tiefer Bruch in der festen Wand des Unglaubens und das Licht von *Iqraa* konnte durchleuchten.

Umar war der Erste, der sich dafür einsetze, dass die Muslime ihren Glauben in der Öffentlichkeit ausüben. Umar allein lud viele Menschen zum Islam ein, so dass die Anzahl der Muslime in Mekka 40 erreichte. Dass einige Persönlichkeiten Quraishs, die nicht aus derselben Sippe des Propheten (Banu Hashim) stammen, wie Abu Bakr von Bani Tamim und Uthman aus Bani Ummaya den Islam annahmen, sorgte für große Aufregung in Mekka, da dies die Einheit Quraishs in Gefahr brachte. Dass Umar den Islam annahm brachte Quraish zusätzlich in Verlegenheit, denn er stammt aus der dritten großen Sippe der Quraish, Bani Adyi. Umar war zudem eine besondere Persönlichkeit, die ihre eigene Stärke hatte. Wie der Prophet erwähnte, floh sogar der Satan vor Umar weg. Es ist bemerkenswert, dass Umar wie sein Onkel Abu Jahl, einst einer der Erzfeinde des Islams und seiner Anhänger war. Quraish fragte sich also, wie ein solcher Gegner Muhammads von einem Tag auf den anderen ein loyaler Anhänger des Islams wurde, der den Propheten so liebte. Die Frage die bereits damals Staunen ausdruckte, stellte sich in jeder Zeit und auch heute noch: Was führt dazu, dass die Anhänger Muhammads aus verschiedenen Ländern und Ethnien der Welt, diese Liebe zu ihm haben? Kein Ungläubiger kann eine Antwort dafür finden, weil er die seelische und innere Kraft nicht begreifen kann. Diese Kraft übertrifft alle anderen menschlichen Verbindungen.

## Die Lichtquelle

Es ist nur naturgemäß, dass der Prophet, die Lichtquelle, diesen Platz in den Herzen der Muslime hat. Gott hat die Liebe zum Gesandten zu einer Voraussetzung für den Glauben gemacht. Die Liebe zum Propheten gehört zum Glauben und du wirst erst zum wahren Gläubigen, wenn du Muhammad liebst. Je nach der Liebe zu ihm ist die Liebe Gottes zu dir und je mehr du ihn liebst, desto stärker ist dein Glaube. Die Liebe zur Schönheit und Vollkommenheit ist eine menschliche Natur und der Prophet ist an der Spitze dieser Eigenschaften. Der Prophet sagte einst: „Keiner von euch wird ein wahrer Gläubiger, solange ich ihm nicht lieber bin als ihm selbst, seinem Vermögen, seinen Kindern, seinen Eltern und der gesamten Menschheit." Als Umar das hörte, sagte er: „Oh Gesandter Gottes, du bist mir lieber als all das, außer als mir selbst." Der Prophet erwiderte daraufhin: „Du wirst erst ein wahrer Gläubiger, wenn du mich mehr liebst als dich selbst." Umar sagte: „Bei Allah, der das Buch offenbart hat, ich liebe dich, mehr als mich selbst." Zum Schluss bestätigte der Prophet: „Jetzt hast du es erreicht, Umar."

## Die Gespräche mit den „Ansar": die Eroberung Medinas durch den Koran

Im Rahmen der unermüdlichen Bemühungen des Propheten den Islam bekannt zu machen, setzte er sich regelmäßig mit den verschiedenen Sippen, die zum Pilgern nach Mekka kamen, hin, um ihnen den

Islam vorzustellen. Selbstverständlich waren diese Versuche nicht immer erfolgreich. Einige Sippen wiesen den Propheten zurück, in dem sie sagten: „Deine Leute kennen dich besser und sind dir nicht gefolgt." Andererseits gab es auch erfolgreiche Gespräche, zu denen das erste Treffen mit einer Gruppe aus Yathrib zählt. Als der Prophet erfuhr, dass sie dem Stamm al-Khazraj angehörten, fragte er sie, ob sie denn mit den Juden befreundet seien. Sie bejahten und er bat sie um Zeit, um ihnen den Islam vorzustellen. Er lud sie zu Gott ein und rezitierte ihnen koranische Verse vor, die ihnen die Herzen öffneten. Sie fingen an sich gegenseitig zu zuflüstern: „Bei Allah, er ist der Prophet, über den die Juden immer gesprochen haben. Sie sollten nicht die ersten sein, die ihn antreffen und ihm folgen." Die Ansar (die Leute aus Yathrib) wussten, dass die Juden immer wieder erwähnten, dass ein Prophet kommen wird. Dieser ist aber keiner von ihnen, sondern ein Araber. Die Ansar überlegten nicht lange und glaubten gleich an Gott und den Gesandten. Sie erklärten dem Propheten: „Unsere Leute streiten und haben große Feindseligkeiten unter einander. Hoffentlich wird Allah sie durch dich vereinen. Wir kehren nach Yathrib zurück, reden mit ihnen über deine Angelegenheit und laden sie zu dieser Religion ein. Wenn unsere Leute diese Religion akzeptieren, dann bist du unter ihnen der ehrvollste." Endlich fanden die Leute aus Yathrib den angekündigten Propheten.

Nachdem diese Gruppe von Männern nach Yathrib zurückkehrte, verbreitete sich die neue Religion sehr schnell unter den Einwohnern. Ihre Herzen waren vorbereitet, um die muhammadenische Botschaft zu empfangen und für sie einzustehen. Der Kontakt zwischen ihnen und dem Gesandten entwickelte sich so weit, dass im 13. Jahr nach der Prophetenschaft Muhammads die berühmte „Bayʿa al-aqaba" (der Vertrag von Aqaba) entstanden ist. Dieser Vertag war die Basis für die Auswanderung der Muslime nach Medina.

Als die Folter der Muslime in Mekka einen Grad erreichte, der kaum auszuhalten war, erlaubte es der Prophet den Muslimen nach Abessinien auszuwandern, bis sich die Lage bessert. Er sagte ihnen, dass es dort einen gerechten König gäbe, der keine Ungerechtigkeit zulasse und dass es ein Land der Ehrlichkeit sei. Der Prophet suchte für seine Anhänger bei einem christlichen König namens Nagashi Schutz vor den Mekkanern. Er schätzte seine Gerechtigkeit und bezeichnete sein Land als eines der Ehrlichkeit. Der Prophet bezeichnete ihn nicht als *Kafir* oder *Mushrik* (dt. Ungläubig/Polytheistisch), sondern lobte ihn und erwartete Positives von ihm. Zusätzlich sah Muhammad in ihm, ohne Absprache davor, einen Verbündeten, der seinen Anhängern Schutz vor der Verfolgung gewährleistet. So war die Stellung des christlichen Königs Ashaba bzw. Nagashi bei dem Propheten des Islams. Diese Wertschätzung des Gesandten wird gute Folgen haben.

## Die Auswanderung nach Abessinien

Zwei Gruppen aus Männern und Frauen machten sich auf dem Weg nach Abessinien. In der ersten Gruppe befand sich Jafar ibn Abi Talib, ein Cousin des Propheten. Er war ein mutiger junger Mann, der später im Krieg von *Mutaa,* im 8. Jahr nach der Hidschra (Auswanderung der

Muslime nach Medina) ermordet wurde. Der Koordinator der zweiten Reisegruppe war Abu Musa al-Asharii. Die Gruppe bestand aus 80 Menschen, darunter Uthman ibn Affan und seine Frau Rukayya. Da Uthman mit zwei Töchter des Propheten verheiratet war, war er als der *Mann mit zwei Lichtern* bekannt. Er heiratete zuerst Rukayya und nach ihrem Tod ihre Schwester Um Kulthum. Nachdem al-Nagashi durch Jafar ibn Abi Talib die Botschaft des Propheten kennenlernte, erfuhr, dass Muhammads Botschaft eine Barmherzigkeit für die ganze Welt sein sollte und welche noble Stellung Jesus und Maria im Islam hatten, hieß er die Muslime willkommen und garantierte ihnen einen würdigen Aufenthalt. Als al-Naghashi einige Verse aus Sure Mariam hörte, sagte er: „Wahrlich, das was ich gerade gehört habe und das womit Jesus offenbart wurde kommt aus derselben Lichtquelle." Als Vertreter aus Quraish zum abessinischen Herrscher kamen, um ihn darum zu bitten, ihnen die Muslime zu auszuliefern, lehnte al-Nagashi dies ab und schickte die Mekkaner samt ihren Geschenken und mit ihrem Missgeschick zurück, da das für ihn eine inakzeptable Bestechung darstellte. Bekanntlich war die Reise nach Abessinien eine fruchtbare religiöse und kulturelle Erfahrung, die eine interkulturelle Begegnung zwischen den muslimischen Arabern und den christlichen Afrikanern ermöglichte. Die Situation des Gesandten stärkte die islamisch-christliche Brüderlichkeit in Afrika. Deshalb befahl Allah dem Propheten was die Leute der Schrift betrifft es als ausreichend zu betrachtet, dass sie das praktizieren, was in der Tora und im Evangelium steht. Allah sagt:

*„Sprich: «Ihr Buchbesitzer! Ihr gründet euch*
*auf nichts, solange ihr euch an Gesetz und Evange-*
*lium nicht haltet und an das, was zu euch herabg*
*sandt wurde von eurem Herrn.»"* (Koran 5:68)

Die Muslime blieben in Abessinien rund 15 Jahre unter dem Schutz
des gerechten Königs. Um Salama gab hierzu einen Erfahrungsbericht:
„Wir sind nach Abessinien geflüchtet und im Schutz des besten Be-
schützers gelandet, al-Naghashi. Er hat uns Glaubensfreiheit zugesichert und wir konnten Gott in voller Freiheit dienen. Wir haben keinen
beleidigt und keiner hat uns beleidigt." Die Korrespondenz zwischen
dem muslimischen Propheten und dem christlichen König Abessiniens
spiegelt diesen Respekt wider.

## Du bist wie dein Herr dich nannte, barmherzig und mild

Trotz aller Schwierigkeiten, die der Prophet in Mekka hatte, machte
er seine Aufgabe gewissenhaft weiter und wurde nie müde davon, die
Menschen von der Dunkelheit ins Licht zu führen und sie zu befreien.
Zu diesen Versuchen gehört, dass er eines Tages zu Fuß zum Nachbar-
ort „al-Taaif" ging, um seine Einwohner zum Islam einzuladen. Er traf
die Anführer al-Taaifs, drei Brüder, auf der Hoffnung, dass sie und ihre
Sippe den Islam annahmen. Er erhoffte sich dadurch auch eine Unterstützung gegen Quraish. Die Reaktion der Brüder übertraf in ihrer Bös-
artigkeit und Feindseligkeit jede Vorstellung. Ihre Antworten waren

äußerst widerlich. So fragte einer: „Hat Gott denn keinen anderen außer dir, den er uns schicken kann?" Nachdem Muhammad klar wurde, dass es mit diesen Leuten nicht klappen wird, machte er sich auf dem Weg al-Taaif zu verlassen. Sie ließen ihn jedoch nicht in Ruhe, überhäuften ihn mit Beleidigungen und forderten die Kinder dazu auf den Gesandten und seinen Begleiter mit Steinen zu bewerfen. Beim Verlassen des Dorfes fingen die Füße des Propheten zum Bluten an. Er setzte sich in einem Garten hin, wisch sich das Blut ab und versuchte seine Füße zu binden. In dieser Situation sagte er das berühmte Bittgebet auf:

„Mein Allah, Du siehst, dass meine Kraft unzureichend ist, dass ich hilflos bin und in den Augen des Volkes ein verachtetes und unbedeutendes Ansehen habe. Oh Allerbarmer, Du bist der Herr der Schwachen und Unterdrückten. Du bist so mitleidsvoll, dass Du mich nicht den Händen von fremden Feinden mit schlechten Angewohnheiten und schlechtem Handeln, sogar nicht einmal den Händen meiner Verwandten, denen ich anvertraut wurde oder den Händen eines Freundes überlassen hast. Allah, Du bist mir gegenüber nicht zornig; was kümmert mich da Mühsal und Plagen, die ich erdulde! Eigentlich ist Dein Schutzbereich so weit, dass ich auch diese nicht ertragen brauche. Allah, ich suche Zuflucht bei Deinem strahlenden Antlitz, welches all Deine Schatten strahlend erhellt und das einzig Sicherheit Bringende vor den Zuständen der Welt und des Jenseits ist, Zuflucht davor, Deinem Zorn anheim zu fallen oder Deinen Unwillen zu erregen. Allah, ich bitte Dich so lange um Vergebung, bis ich Dein Wohlgefallen erlange. Kraft und Stärke gibt es nur bei Dir."

Nach diesem Gebet kam ein Engel zum Propheten und sagte, dass er ihm zur Verfügung steht und bereit ist diese Menschen mit dem zu bestrafen, worum der Prophet bittet. Der Gesandte lehnte das jedoch ab und erwiderte: „Ich hoffe, dass von ihnen Nachkommen erwachsen, die an Gott glauben". Daraufhin sagte der Engel: „Du bist wie der Herr dich nannte, barmherzig und mild." Der Prophet betete nicht gegen die feindseligen Menschen aus al-Taaif, sondern im Gegenteil, er sprach ein Bittgebet für sie aus: „Oh Allah, vergib meinen Leuten, sie sind unwissend." Der Prophet hatte mit seiner Hoffnung recht und es stammten aus al-Taaif in späterer Zeit Menschen, die an Gott glaubten und seiner Religion beistanden. Das ist eine weitere Lektion aus dem Leben des Propheten, die Geduld und Vergebung zeigt. Der Prophet nahm nicht nur die Menschen wahr, die ihn beleidigten, sondern bewahrte einen weiten Blick, dachte an ihre Kinder und Enkelkinder und betete dafür, dass sie Muslime werden.

Die Sira-Bücher über den Propheten erzählen, dass er unter einem Baum saß, als die Besitzer des Gartens einen Mitarbeiter namens Addaas mit einem Zweig Weintrauben zu ihm schickten. Addaas gab ihm das Gefäß und der Prophet nahm es an und sagte vor dem Essen: „Bismillah (dt. im Namen Allahs)". Addaas schaute den Gesandten verwundert an und sagte ihm: „Bei Allah, die Leute dieser Gegend kennen diese Aussage nicht." Der Prophet fragte ihn, woher er denn komme und was seine Religion ist und Addaas antwortete, dass er ein Christ aus Najnawa (im Irak) sei. Der Prophet merkte an: „Du kommst von

dem Dorf des guten Mannes, Prophet Yunus ibn Matta." Addaas antwortete erstaunt: „Woher kennst du Yunus? Ich habe Najnawa verlassen und es gab nicht einmal zehn Leute, die Yunus ibn Matta kannte."
Hier sagte der Prophet: „Er ist mein Bruder. Er ist ein Prophet und ich
bin ein Prophet." Der Mann umarmte den Propheten und nahm den
Islam an.

Im 7. Jahr nach dem Prophetentum Muhammads verstärkte Quraish
ihre Feindseligkeit gegenüber dem Propheten noch mehr. Nachdem sie
ohne hin alle möglichen Maßnahmen zur Einschränkung der Aktivitä-
ten des Propheten unternahmen, trafen sie einen weiteren neuen Beschluss, der für die damalige Kultur und die Nachbarschaftsregeln völlig fremd war. Sie beschlossen die Sippe Banu Hashim und alle die zu
ihnen stehen zu boykottieren. Quraish sah das als Strafe dafür, dass die
Sippe ihren Angehörigen Muhammad verteidigte und einige von ihnen
auch noch seiner Religion folgten. Alle neun Sippen in Quraish unter-
zeichneten diesen Boykott gegenüber Muhammad, seiner ganzen Sippe
– sei es Muslime oder Nicht-Muslime- und all jenen die ihm gefolgt
sind. Dieser Beschluss war für Banu Hashim gewiss gefährlich, denn er
war umfassend und betraf wirtschaftliche und soziale Bereiche des Zusammenlebens. Er bedeutete für sie, dass es keinen Handelstausch
(Kauf und Verkauf) mit ihnen mehr gibt und keine sozialen Beziehungen mehr gepflegt werden, wie etwa Heirat. Dieser von allen neun Sippen Quraishs unterzeichnete Beschluss wurde an der Wand in der
Kaaba aufgehängt. Der Boykott hielt drei Jahre lang an und brachte
über den Stamm Banu Hashim viel Leid.

Hisham ibn Amr, der durch seine Mutter mit Banu Hashim verwandt war und Zuhair ibn Abi Umayya, beide selber Nicht-Muslime, fanden diesen Boykott äußerst unfair und machten sich im Geheimen auf die Suche nach weiteren Verbündeten, bis sie fünf waren. Am nächsten Morgen sprachen sie vor der Versammlung um die Kaaba: „Oh ihr Leute Mekkas, es ist nicht in Ordnung, dass wir die beste Kleidung haben und Banu Hashim auf diese Weise leiden, keiner verkauft oder kauft von ihnen etwas. Wir werden uns gegen diesen Beschluss stellen, bis der Zettel zerrissen wird." Nach einem Wortgefecht mit Abu Jahl ging schließlich einer der Gegner dieses Beschlusses in die Kaaba rein, um den Zettel zu zerreißen. Dieser war jedoch bereits von den Würmern gefressen worden, so dass nur die Überschrift „im Namen Gottes" übriggeblieben war. In der Tat hob Quraish schließlich den Boykott auf, da ihnen die Situation insgesamt unangenehm war und sie selber einen finanziellen Nachteil dadurch erlitten. Auch war der psychische und gesellschaftliche Druck auf sie hoch, denn viele umliegende arabische Stämme und Sippen fanden diese Aktion unmenschlich und unmoralisch.

Endlich endete die Boykottphase, aber Quraish blieb dennoch bei ihrer feindseligen Haltung gegenüber dem Propheten und seinen Gefährten. Die drei Jahre vor der Wanderung nach Medina waren die härtesten für den Propheten. Was den Gesandten zusätzlich in Trauer ritt war der Tod von den zwei Menschen, die ihm am nächsten Standen. Es verstarb sein Onkel Abu Talib, der alte Mann, der Muhammad als Kind pflegte, ihn als Jungen unterstütze und ihm als Propheten bis zum letzten Atemzug beistand. Der Prophet sagte über seinem Tod: „Quraish hat mich erst nach dem Tod Abu Talibs wirklich angegriffen." Wenig später verstarb seine Frau und Weggefährtin Khadija. Dieses Jahr ist daher als Jahr der Trauer bekannt.

## Gepriesen sei, der seinen Knecht nachts reisen ließ (Koran 17:1)

Im Jahr 11 nach Beginn des Islams ereignete sich das größte göttliche Ereignis und zwar die Reise „Israa und Miraaj" (dt. Himmelfahrt und Nachtreise). Dieses Ereignis war eine besondere Ehrung von Gott für seinen geliebten Propheten Muhammad. Der Engel Gibrijl nahm den Propheten nachts und reiste mit ihm zur Aqsaa Moschee in Jerusalem, in der er der Vorbeter für seine Brüder an Propheten und Gesandten war. Nachdem Gebet kehrten alle zu ihren Plätzen im Paradies zurück, um den Propheten dort zu empfangen. Der Prophet fing seine Nachtreise und Himmelfahrt in Begleitung von Gibrijl an, eine Reise, die Allah für ihn besonders gestaltete.

*„Gepriesen sei, der seinen Knecht nachts reisen ließ von der heiligen Anbetungsstatt zur fernsten, um die herum wir Segen spendeten, um ihm von unseren Zeichen einige zu zeigen! Siehe, er ist der Hörende, der Sehende." (Koran 17:1)*

Das Vorbeten des Propheten für die anderen Propheten und Gesandten in der al-Aqsaa Moschee bestätigte die Funktion Muhammads als letzten Propheten. Der Koran weist darauf hin, dass Allah das Versprechen von allen Propheten eingenommen hatte, dass sie Muhammad folgen werden, sofern er in ihren Lebzeiten kommt, da die Botschaft Muhammads in keinem Widerspruch zu ihren Botschaften steht.

> *„Damals, als Gott den Bund mit den Propheten schloss: «Wann immer ich für euch etwas von einem Buch und Weisheit bringe und dann ein Gesandter kommt, der das, was bei euch ist, bestätigt, so sollt ihr an ihn glauben und ihm helfen!» Er sprach: «Bestätigt ihr das, und nehmt ihr meine Last entsprechend an?» Sie sprachen: «Wir bestätigen es.»"* (Koran 3:81)

Dieser Vers bestätigt, dass Allah den anderen Propheten schon im Vorhinein das Kommen Muhammads ankündigte. Sobald sich die anderen Propheten davon vergewissern, dass das womit Muhammad gekommen ist ihre eigenen Botschaften bestätigt, sollen sie an ihn glauben und ihm folgen.

Bei der Miraaj-Reise stieg der Prophet mit dem Engel zum 7. Himmel empor, bis er eine Stufe erreichte, in der Gibrjil selbst nicht mehr mitkommen durfte. In dieser Stufe sprach Allah zu Muhammad und auferlegte ihm die fünf Gebete als Gebot für die Muslime. Der Prophet sprach nach seiner Rückkehr nicht über die Details seiner Himmelfahrt, sondern erwähnte nur, dass er nachts nach Jerusalem gereist war. Sofort bezichtigte ihn Quraish der Lüge und Abu Lahab und Abu Jahl sahen das als Chance, sich über den Propheten lustig zu machen. Abu Bakr jedoch war der erste, der ihm glaubte und sagte: „Wie soll ich nicht daran glauben, wenn ich sogar daran glaube, dass er täglich Offenbarungen vom Himmel erhält." Eines Tages fragte Aisha den Gesandten über die Himmelfahrt: „Hast du Allah wirklich gesehen?" Der Prophet sagte: „Er ist Licht, wie sollte ich ihn sehen?" Einer anderen Überlieferung nach sagte er: „Ich habe Licht gesehen." Weder bestätigte es der Prophet noch verneinte er es und begnügte sich mit dieser kurzen Antwort. Ist Allah denn nicht das Licht des Himmels und der Erde?

Sure al-Israa hat nur über die Nachtreise (Israa) gesprochen, während Sure al-Najm über die Himmelfahrt (Miraaj) berichtet.

> *„Bei dem Stern, wenn er sinkt! (1) Nicht in die Irre geht euer Gefährte, und auch nicht einem Irrtum ist er erlegen, (2) und er redet nicht aus (eigener) Neigung.(3) Es ist nur eine Offenbarung, die eingegeben wird.(4) Belehrt hat ihn der Besitzer starker Kräfte, (5) der (geistige) Macht besitzt. So stand Er da (6) und war am obersten Gesichtskreis. (7) Hierauf kam er näher und stieg herunter, (8) so daß er (nur) zwei Bogenlängen entfernt war oder noch näher. (9) Da gab Er Seinem Diener (als Offenbarung) ein, was Er eingab. (10) Nicht hat sein Herz erlogen, was es sah.(11) Wollt ihr denn mit ihm streiten über das, was er sieht? (12) Und er sah ihn ja ein anderes Mal herabkommen, (13) beim Sidr-Baum des Endziels, (14)bei dem der Garten der Zuflucht ist. (15) Als den Sidr-Baum überdeckte, was (ihn) überdeckte, (16) da*

*wich der Blick nicht ab, noch überschritt er das
Maß. (17)Wahrlich, er sah von den Zeichen seines
Herrn die größten. (18)".* (Koran 53:1-18)

Die Gelehrten und Koranexegeten haben zur Himmelfahrt unterschiedliche Meinungen. Die erste Meinungsverschiedenheit dreht sich darum, ob die Reise nur mit der Seele war oder ob sie auch mit dem Körper des Propheten durchgeführt wurde. Auch unterscheiden sich die Ansichten darüber, ob der Prophet Allah tatsächlich sah oder nicht. Widmen wir uns zunächst einmal dem zweiten Thema. Die Verse aus Sure al-Najm sind ganz klar eindeutig und brauchen keine weitreichende Erklärung. Darin schwört Allah bei den Sternen, dass der Prophet ehrlich ist und die Wahrheit sagt und nicht nach eigener Laune spricht. Allah stellt jenen, die daran zweifeln die Frage:

*„Zweifelt ihr an das, was er gesehen hat?"* (Koran 53: 13)

In den Versen verteidigt Allah seinen Gesandten, bestätigt, dass er Ihm begegnet ist und lässt keinen Raum für Zweifel. Dabei spricht Allah nicht nur zu den Mushrikin, sondern auch zu den Gläubigen, denn der Vers sagt:

> *„Wollt ihr denn mit ihm streiten über das, was
> er sieht? (12) Und er sah ihn ja ein anderes Mal
> herabkommen, (13) beim Sidr-Baum des End-
> ziels, (14)bei dem der Garten der Zuflucht
> ist. (15)"* (Koran 53:13-15)

"

Hier wird erwähnt, dass der Prophet Allah noch einmal in *Jannah al-Ma'waa* sah, dann als Gibrjil nicht mehr mit rauf durfte. Das zeigt, dass der Prophet eine höhere Stellung hat als Gibrjil. Doch war das Sehen Gottes physisch oder abstrakt? Hat die Seele denn nicht auch Augen? Der Vers bestätigt, dass der Prophet Allah sah, doch wie Allah dem Propheten erschienen ist, ist nicht bekannt. Das ist mit der Frage verbunden, ob die Himmelfahrt mit dem Körper und der Seele oder nur mit der Seele stattfand verbunden. Es reicht uns, dass wir an das glauben, was uns der Prophet dazu sagte und das was der Koran bestätigte und dass wir uns mit dem wichtigen Kern der Geschichte begnügen. Es ist für uns Menschen schwer vorstellbar, wie dieses Treffen stattgefunden hat und gleichzeitig können wir die koranischen Bestätigungen in Sure al-Najm nicht ignorieren. Es ist logisch, dass wenn Allah einen Gesandten schickt, Er ihn zu Sich einlädt und wenn Allah jemanden zu Sich lädt, ist es selbstverständlich, dass Er ihn empfängt. Was wir in Sure al-Najm lesen ist ein Lob an den Propheten und an seine Charaktereigenschaften. Allah lobt mit dem zweiten Vers der Sure die Ehrlichkeit des Gesandten und mit dem fünften Vers sein Wissen und ebenso wird in den Versen sein Sehvermögen gelobt und dass er geehrt ist und das sah, was keiner vor ihm gesehen hat.

Wenn ein Gläubiger daran glaubt, dass der Prophet über Nacht nach Jerusalem gereist ist und in derselben Nacht in den Himmel gestiegen ist, wie kann er dann nicht daran glauben, dass er Allah gesehen hat?!

Das war eine besondere göttliche Ehrung speziell für den Propheten, die sonst kein anderer Prophet oder Gesandte erreichte. Allein seine

Himmelfahrt ist außerhalb unserer menschlichen eingeschränkten Vorstellungskraft. Allah kann die Himmelfahrt auf die Weise gestalten, die Er möchte, denn Er ist allwissend und allmächtig. Es scheint, dass die Nachtreise mit dem Körper und der Seele stattfand. Der Mensch besitzt einen Körper und eine Seele. Der Körper ist aus Erde erschaffen und wie Ort und Zeit materiell, während der Himmel immateriell ist. Wenn der Mensch sowohl Materielles als auch Immaterielles besitzt, ist es vorstellbar, dass Allah diese besondere Reise für seinen Propheten so gestaltet hat, dass er mit Körper und Seele dabei ist.

Es gibt auch eine andere Meinung, die bemerkenswert ist. Diese besagt, dass die Himmelfahrt lediglich darin bestand, das Herz des Propheten zu beleuchte und dass er mit dem Herzen die Lichter des Himmels und des Paradieses gesehen hat. Er habe also die Reise durchgeführt, ohne sein Bett zu verlassen. Seine Seele stieg den Himmel empor und traf sich mit Gott, was eine Art von Fath[20] ist. Der Prophet kehrte von der Himmelfahrt mit dem Gebot des Gebets zurück, das einzige Gebot, dass der Prophet unmittelbar von Gott auferlegt bekam und nicht wie alle anderen Gebote durch den Offenbarungsengel Gibrjil. Das Gebet ist eine kontinuierliche Verbindung zu Gott und die wichtigste Säule des Islams. Die Sahaba haben es gerne praktiziert.

Der Prophet verbrachte in Mekka insgesamt 13 Jahre als Prophet, die durch den Empfang von mehr als der Hälfte des Korans gesegnet

---

[20] Al-Fath und al-Kashf sind sufische Besonderheiten.

waren. In diesen Jahren erzog der Prophet seine Gefährten auf eine besondere Art, die ihre Herzen durch das Leuchten des Korans segneten und vertiefte in ihnen die Glaubenslehre des Islams. Hierbei galten die koranischen Suren als eine Ernährung für die Muslime. Schnell sind die Früchte der Suren in den Herzen und den Gedanken der Muslime gewachsen. Diese Früchte bestanden aus einem festen Glauben. Durch den Glauben wurde das Herz lebendig und mit Allah verbunden und dadurch war es ihnen möglich die Botschaft des Islams für das Gute für alle Menschen hinauszutragen.

Die zweite Hälfte des Korans wurde in Medina offenbart mit den gottesdienstlichen Regelungen, die Regelungen über Gebote und Verbote, Familienverhältnisse, Erbschaft, Beziehungen zwischen Muslimen und Nicht-Muslimen.

### Die blühende Phase

Es war das Schicksal der Ansar, dass sie zum Propheten in der schwierigsten Phase seines Prophetentum kamen. Somit wurde den Ansar zu Ehren, dass sie dazu beitrugen, dass der Islam seine medinensische Phase erreicht. Es war Zeit für den Islam, der 13 Jahre lang in Mekka verfolgt wurde, eine neue Phase zu erreichen, die zweite muhammadenische Phase, eine blühende Phase.

Wir erinnern uns, dass der Prophet zweimal Vertretern von der Sippe Aus und der Sippe Khazraj aus Yathrib in Mekka in Begleitung von Musaab ibn Umair begegnete, der die muhammadenische Schule in Mekka besuchte und der vom Propheten beauftragt wurde, die zwei Sippen nach Yathrib zu begleiten und den Menschen dort den Islam beizubringen. Die Bemühungen Musasbs waren gesegnet und er erfüllte seine Aufgabe auf der besten Art und Weise. Nachdem die Vertreter aus Yathrib den Propheten kennenlernten und sich ihre Herzen für den Islam und den Glauben öffneten, trugen sie ihr Glaubensbekenntnis zum Islam öffentlich und waren stolz darauf, dass der Prophet des Islams zu ihnen nach Yathrib kommen wird. Sie hofften, dass die Herzen und der Verstand ihrer Leute durch den Propheten vereint werden und dass ihr Bund gestärkt wird. Die Vertreter aus Yathrib waren sehr glücklich darüber, den Propheten gesehen und den Islam angenommen zu haben. Schnell verbreitete sich der Islam in den arabischen Familien in Yathrib.

In der Tat war das wichtigere Treffen mit den Ansar (den Leuten aus Medina), das zweite Treffen in der darauffolgenden Pilgersession, zu dem eine große Gruppe bestehend aus 70 Männern und 3 Frauen aus Medina kam. Sie reisten nach Mekka, um den Propheten heimlich zu treffen. Die Mehrheit dieser Gruppe stammt aus der Sippe Khazraj, die im Krieg von Bu'aath die Sippe Aus besiegt hatte. Zu den bekannten Namen, die gekommen waren, zählen der Dichter Kaab ibn Malik, Musaab ibn Umair, Abu Ayub al-Ansari und Saad ibn Muaas, der Anführer der Aus. Der Prophet nahm seinen Onkel al-Abbass zum Treffen mit, was sehr bemerkenswert ist, da er zu diesem Zeitpunkt kein Muslim war. In der damaligen Zeit hatten der familiäre Bund und die Sippschaft einen hohen Stellenwert. Al-Abbass fing auch gleich zum Reden an und richtete klare Worte an die Medinenser: „Oh ihr Khazraj! Muhammads Stellung unter uns ist euch bekannt, und wir haben ihn sogar vor unserem eigenen Volk, das die gleiche Meinung über ihn hat wie wir, geschützt. Er genießt Ansehen unter seinen Leuten und Schutz in seiner Stadt. Doch er wollte unbedingt zu euch gehören. Wenn ihr denkt, dass ihr ihm gegenüber einhalten könnt, was ihr ihm versprochen habt, und ihn vor seinen Widersachern schützen könnt, so ist es an euch, was ihr davon auf euch nehmt. Wenn ihr ihn aber nach seinem Aufbruch zu euch verratet und ihn im Stich lassen wollt, so verlasst ihn gleich." Der Prophet fuhr fort und bekundete mit ihnen ein Abkommen zu schließen, dass sie ihn vor dem schützen, wovor sie ihre Frauen und Kinder beschützen. Als erstes streckte ein Ansari namens al-Baara seine Hand aus, um dem Propheten Treue zu geloben und sagte: „Wir geloben dir Treue, oh Gesandter Allahs! Wir sind bei Allah kriegserfahren und Leute des Schwertes, welches wir von unseren Ahnen erbten." Noch bevor er seine Rede beendet hatte, fragte ein Mann aus Khazraj, ob der Prophet sie denn wieder verlassen und nach Mekka zurückkehren würde, nachdem sie ihn jetzt unterstützen und ihm zum Sieg verhelfen. Der Prophet versicherte: „Ihr gehört zu mir, und ich gehöre zu euch. Ich bekämpfe, wen ihr bekämpft, und schließe Frieden, mit wem ihr Frieden schließt." Der Onkel al-Abbas machte ihnen nochmal klar, dass dieses Abkommen ein Abkommen über Krieg bedeuten würde und sie den Propheten nicht im Stich lassen dürften und der Prophet sicherte den Leuten aus Medina das Paradies zu, dafür, dass die dieses Risiko auf sich nehmen und ihn unterstützen.

## Die Einwanderung zu Gott

Die Unterstützung der Ansar war ein entscheidender Richtungswechsel in der prophetischen Geschichte. Als Quraish von dem Abkommen zwischen Muhammad und den Ansar erfuhr, realisierte sie, dass das Abkommen eine Bedrohung für sie darstellte. Die Mekkaner bemerkten, dass die Muslime einer nach dem anderen aus Mekka ausreisten und dass die Sache somit außer ihrer Kontrolle gerät. Zu Beginn fingen sie an die Ansar aus Yathrib zu verfolgen und die Reisen zwischen Yathrib und Mekka zu behindern. Jeder, der Mekka verlassen musste, fuhr dies heimlich durch, denn jeder, der ausreiste, musste seine Familie und seinen Besitz hinter sich lassen. Die Geschichte von Suhaib ibn Sinan ist ein starkes Zeichen für die Glaubenskraft und das Opfern.[21]

Als Quraish von seinem Wandervorhaben erfuhr, hielt sie ihn auf und sagte: „Du bist zu uns mittellos und ohne Geld gekommen und hast dich dann bei uns bereichert und das erreicht, was du erreicht hast. Und

---

[21] Suhaib war in Mekka unter Suhaib al-Rumi bekannt und einer der ersten Muslime. Der Prophet gab ihm den Namen Abu Yahya. Er kam aus Mosul im Irak und wurde in seiner Jugend von den Römern gefangen genommen, bis er von dort nach Mekka weg floh. Er verstarb in Medina.

jetzt willst du einfach so mit deinem Vermögen gehen? Das wird nie passieren." Suhaib überlegte nicht lange und entschied sich dafür, alles was er besitzt zurückzulassen, damit die Mekkaner seine Ausreise gestatten. Er opfert alles auf dem Weg Gottes und seines Gesandten. Selbstverständlich war Quraish über dieses große Opfer Suhaibs erstaunt. Ausgerechnet dieser Mann, der vollkommen verarmt und obdachlos kam und sich dann aufbaute, bis er ein Vermögen hatte, ist bereit für seinen Glauben und seinen Propheten alles aufzugeben und wieder zur Armut zurück zu kehren. Diesmal war er jedoch nicht wieder obdachlos, sondern hatte eine Heimat und zwar Medina und ein Ziel und zwar den Propheten. Das ist ein Beispiel von vielen für den maximalen Grad des Opferns. Denjenigen, die einen festen Glauben haben und deren Herzen mit dem Himmel verbunden sind und die verstanden haben, wie bedeutungslos und klein das Diesseits ist, viel das Opfern der ganzen irdischen Mittel leicht. Der wahre Gläubige versteht, dass er nichts in Besitzt nimmt und dass ihn nichts in Besitzt nehmen kann.

Als der Prophet die Geschichte Suhaibs hörte, sagte er ihm: „Gelungener Handel Abu Yahya, gelungener Handel!" Ja, er ist derjenige, der das Diesseits für das Jenseits verkaufte und über den, folgender Vers herabgesandt wurde.

> *„Manchen Menschen gibt es, der seine Seele*
> *verkauft im Bestreben nach Gottes Wohlgefallen.*
> *Gott ist zu seinen Knechten gütig."* (Koran 2:207)

Suhaib wurde von einem reichen Menschen zu einem armen, der zu den Ahl al-Suffa gehörte, jene die auf ihr alltägliches Brot warten. Sein Gesicht jedoch war voller Glauben. In einer Racheaktion beschlagnahmte Quraish das Eigentum aller ausgewanderter Mekkaner und verkaufte es. Wie Suhaib gab es viele, die nur mit ihrer Kleidung ausgewanderten. Die Geschichte Suhaibs ähnelt jener von Bilal, von Ammar, jenen armen Muslimen, in deren Herzen der Iman (dt. Glaube) wohnte und die alles wertvolle für ihre Überzeugung und für ihren Glauben opferten. Es ist wichtig zu betonen, dass keiner von den ersten Muslimen gezwungen war, den Islam anzunehmen.

Wie ist es dem Propheten gelungen in wenigen Jahren aus diesen einfachen Menschen und heidnischen Sklaven, die keinen Wert für Quraish hatten, ausgewählte Personen zu machen, die auf der Erde und im Himmel geehrt sind? Die Antwort ist der prophetische Charakter, die prophetische Erziehung und dass sie oft Gott gedachten. Nachdem der Iman ihre Herzen und ihren Verstand bewohnte, waren sie im Dschihad der Geduld, des Mutes und des Opferns Vorbilder. Sie opferten das irdische Leben für Allah und seinen Gesandten. Das Glauben an den Propheten und ihm zu folgen ist eine endlose Wanderung. Im Koran steht:

> *„Sag: Wenn ihr Allah liebt, dann folgt mir. So liebt euch Allah und vergibt euch eure Sünden. Allah ist Allvergebend und Barmherzig."*
> *(Koran 3:31)*

Nachdem fast alle Muslime Mekka verließen, blieben von ihnen nur der Prophet, Abu Bakr und Ali zurück. Als Quraish feststellte, dass alle Muslime auswanderten und nicht mehr unter ihrer Macht waren, beschlossen sie alles zu machen, um den Propheten daran zu hindern zu seinen Gefährten zu reisen. Sie befürchteten, dass wenn Muhammad zu seinen Freunden reist, in Medina eine islamische Macht aufgebaut wird, die eine Bedrohung für sie ist. Und das ist genau was geschah. Die Verlegenheit Quraishs verwandelte sich in Besorgnis, die ihre Stabilität störte. So trafen sich die Führer Mekkas, um Lösungen zu suchen. Sie schlugen vor, den Propheten einzusperren oder ihn ins Exil zu schicken. Auf Vorschlag von Abu Jahl beschlossen sie schlussendlich ihn zu töten. Diesen Schritt vermieden sie jahrelang aus Angst vor der Reaktion Banu Hashims, doch nun schien es ihnen die einzige Lösung zu sein. Bei ihrem Versuch den Mord umzusetzen versammelten sie neun Männer, aus jedem Stamm einen, die den Mord gemeinsam durchführen sollten. Der Sinn dahinter war, dass die Verantwortung für dieses Verbrechen auf alle Sippen Quraishs aufgeteilt wird und sie somit der direkten Verantwortung entkommen. Sollte Banu Hashim Rache wollen, müsste sie sich mit allen Sippen anlegen. Quraish plante ihr großes Verbrechen genau, doch Allah hatte andere Pläne. Er ließ seinen Gesandten der Barmherzigkeit nicht alleine und Gibrjil kam in dieser Nacht zu ihm, um ihn über das Vorhaben der Mekkaner zu informieren und ihn aufzufordern unverzüglich die Wanderung nach Medina durch zu führen. Der Prophet bat Ali darum, in seinem Bett zu schlafen, damit die Feinde beim Spähen sehen, dass der Prophet noch zu Hause ist. Er gab Ali auch alle Sachen, die ihm von Einwohnern Mekkas zur Bewahrung anvertraut wurden, damit er diese den Leuten zurückgibt. In der Nacht versammelten sich dann die neun Männer vor der Haustür des Propheten, wartend darauf, dass er rauskommt. Allah der Erhabene veranlasste, dass diese Verbrecher in einem tiefen Schlaf verfallen und der Prophet in aller Ruhe aus dem Haus gehen konnte. Sie wurden erst von den intensiven Sonnenstrahlen aufgeweckt.

In dieser Zeit hatte sich der Prophet bereits mit Abu Bakr auf dem Weg zur Höhle Thaur gemacht, die sich in Richtung Yemen befand, da die Mekkaner nie davon ausgehen würden, dass sich der Prophet Richtung Yemen bewegt. Der Prophet und sein Gefährte blieben drei Tage lang im Versteck Thaur und die Tochter Abu Bakrs, Asmaa, brachte ihnen täglich das Essen. Währenddessen suchte Quraish unermüdlich nach Muhammad und setzten Kopfgeld auf ihn. Zwei Männer aus Quraish gelangten bei ihrer Suche tatsächlich vor der Höhle Thaur. Ein Spinnennest und zwei brütende Tauben vor der Höhle hinderten sie jedoch daran hinein zu schauen, denn wären Menschen in der Höhle gäbe es das Nest nicht und die Tauben wären auch weg. Während dieser sehr knappen Situation hielt Abu Bakr sein Atmen vor Schreck an und sagte zum Propheten: „Wenn einer von ihnen nach unten blickt, sieht er uns." Der Prophet war voller Zuversicht und Vertrauen in Gott und sagte: „Was denkst du denn von zweien, deren dritter Allah ist?".

Nach dem dritten Tag zogen sie mit einem Reiseführer, Abdullah ibn Uraikit in Richtung Medina. Nach einer Weile und nach dem Abdullah zurückkehrte und der Prophet und Abu Bakr die Reise nun alleine weiterführten, sahen sie während einer Esspause einen Mann von Weitem auf sie zureiten. Es war Suraqa, der sich des Kopfgeldes wegen auf der Suche nach dem Propheten machte. Suraqas Pferd stürzte zwei Mal und warf den Reiter hinunter, doch Suraqa dachte sich nichts dabei und ritt sein Pferd mit voller Geschwindigkeit in Richtung der beiden Männer. Als das Pferd ein drittes Mal heftig stürzte, redete er sich ein, dass die Götter ihn von seinem Vorhaben abhalten wollen und fürchtete, was wohl mit ihm geschehen könnte, sollte er es ein weiteres Mal versuchen. Er rief zum Propheten: „Ich bin Suraqa Ibn Dschuschum, wartet auf mich, damit ich mit euch reden kann, denn ich werde euch bei Allah nicht beunruhigen, noch wird euch meinerseits etwas treffen, was euch missfällt." Der Prophet fragte ihn: „Wie würde es dir gehen, wenn du die Armbänder von Chosrau in der Hand halten würdest?" Suraqa versprach ihnen, ihnen nicht mehr zu folgen und alle in die irrezuführen, die nach ihnen weitersuchten.

Wie konnte der Prophet, der heimlich aus seinem Zuhause flüchtete, verfolgt wurde und noch nicht mal sicher Medina erreichte, sich so sicher sein, dass er in der Zukunft die Perser besiegen wird und im Besitz des Schmucks von Chosrau sein wird. Suraqa nahm später den Islam an und in der Zeit von Omars Kalifat nahmen die Muslime tatsächlich Persien ein. Omar nahm die Armbände des Herrschers von Persien, rief Suraqa zu sich und sagte ihm: „Das ist der Tag, an dem das Versprechen eingehalten wird". Er überreichte ihm die Armbänder.

Die Hidschra ist eine Trennlinie zwischen der alten und der neuen Welt und zwischen der vorislamischen Jahiliya-Zeit und der islamischen Zeit. Sie bildet einen Sprung für die islamische Zeit und die großen Zeichen Gottes. Die Hidschra nach Medina war eine zeitliche und örtliche Wanderung und aus religiöser Sicht eine Einwanderung in den Himmel, eine Wanderung des Herzens zu Gott. In einem Hadith heißt es: „Der Wanderer ist jener, der das verlässt, was Gott verbietet hat". Jede Tat zur Charakterreinigung, jede Heilung von Herzkrankheiten, wie Hass und Neid und jede Reinigung von Sünden ist eine Hidschra zu Allah. Wenn die Hidschra an die Tawba (dt. Reue) gekoppelt ist, dann schafft sie einen imanischen Glaubensweg, der die kontinuierliche Reinheit garantiert. Das ist wie eine dauerhafte Wahlfahrt zu Gott. Die Tawba ist eine seelische Neugeburt des Menschen, die den Menschen die weiten Toren des Himmels öffnet. Eine prophetische Überlieferung besagt: „Die Hidschra hört nicht auf, solange die Tawba nicht aufhört und die Tawba hört nicht auf, bis die Sonne vom Westen auf geht."

# 4. Kapitel: Die Medina des Propheten

## Yathrib; Ein Historischer Überblick

Yathrib war vor der Hidschra eine Stadt, wie alle großen Städte auf der arabischen Halbinsel, heidnisch und in Dunkelheit und Rückstand. Sie hatte bestimmte gesellschaftliche Eigenschaften, die einen Rahmen für ihre gesellschaftliche, kulturelle und soziale Identität bildeten. Während in Mekka nur Quraish lebte, herrschte in Yathrib Diversität. Es lebten hauptsächlich drei Volksgruppen in Yathrib. Die ersten zwei Gruppe bestand aus den Aus und den Khazraj, die beide heidnische Gruppen aus dem Yemen sind, deren Ursprung auf zwei Brüder zurückzuführen ist. Die dritte Gruppe bildeten jüdische Sippen, die zu verschiedenen Zeiten aufgrund der Verfolgung von den Römern aus Großsyrien in die arabische Halbinsel geflüchtet waren. Die jüdische Bevölkerung in Medina war mehrheitlich arabisch und bestand aus drei Sippen, Banu al-Nadhir, Banu Quraiza und Banu Qainuqa. Dank ihrer Bedeutung als Händler und Juweliere kamen sie in Besitzer von Ackerland und besaßen die hauptwirtschaftliche Macht in Yathrib.

## Der Anfang des Friedens und der Brüderlichkeit

Als der Prophet im Jahr 621 n. Chr. nach Medina auswanderte, kam er an dem Ort Qibaa vorbei. In Qibaa, dass sich etwa 300km von Medina entfernte, lebten vorwiegend die Aus. Sie warteten täglich freudig auf die Ankunft des Propheten und schickten jemanden an die Grenze der Stadt, um die Ankunft des Propheten, wenn es soweit ist, zu verkünden. Als der Herr eines Tages Kamele von Weitem sah, vermutete er, dass es sich um den Propheten und seinem Freund Abu Bakr handelte und sagte: „Freuet euch, Oh Bani Qaila! Hier ist euer Glück und die Freude, auf die ihr wartet."

Den Gesandten und seinen Freund Abu Bakr empfingen zwei wichtiger Vertreter der Aus, Ibn Amir ibn Auf und Ibn Salim ibn Auf. In Qibaa verrichtete der Prophet das erste Freitagsgebet im Islam. Nach diesem warmherzigen Empfang fragte der Prophet nach Asaad ibn Zurara, dem Anführer der Khazraj und sie antworteten, dass dieser nicht in ihr Territorium kommen dürfe, da er viele ihrer Leute umbrachte. Der Prophet äußerte ihnen den Wunsch, dass er Asad ibn Zurara gerne empfangen möchte und sagte den Aus, dass Asaad in seinem Schutz sein werde. Die Aus antworteten, dass sie alle in seinem Schutz sind und kamen dem Wunsch des Propheten nach, was erfreulich und zukommend war, da sie in den mehrjährigen Kriegen mit den Khazraj mehr Opfer zählten. Am nächsten Tag kam Asaad ibn Zurara mit 50 Männern aus den Khazraj zum Propheten und der Prophet sprach zu den Anführern der beiden Sippen. Er sagte ihnen, dass es wichtig im Islam ist, dass sie in Frieden miteinander leben. Der Prophet betonte wie wichtig es ist, dass sie die blutige, historische Seite in ihrer Beziehung abschließen und dass ihre Zukunft in Frieden liegt. Als sich die Lage zwischen beiden Sippen beruhigte, fragte der Prophet die Aus, ob sie denn nicht den Khazraj vergeben können und diese sagten, dass sie ihnen bereits vergeben haben. Dank der Bemühung des Propheten ist die Liebe und die Brüderlichkeit in den Herzen der Aus und der Khazraj gestiegen und beide Seiten sind mit reinen Herzen und ohne Hass aus der Sitzung gegangen. Ab diesem Zeitpunkt waren die Aus und die Khazraj Brüder und schwörten, sich nie mehr zu bekriegen. In den drei Tagen, die der Prophet in Qibaa verbrachte, erledigte er zwei notwendige Sachen. Als erstes den Friedensvertrag zwischen den Aus und den Khazraj und die Beendung des Jahrzehnte andauernden Krieges, was ein historischer Erfolg ist. Damit gründete der Prophet eine Basis für einen tragfähigen Frieden. Als zweites gründete der Prophet die erste Moschee im Islam, bekannt als die Moschee von Qibaa. Es ist die erste Moschee, in der die Aus und die Khazraj ein Gemeinschaftsgebet mit dem Propheten verrichteten.

> *„Stell dich niemals in ihr auf! Eine Anbetungsstätte, die vom ersten Tage an auf Gottesfurcht gegründet ist, ist geeigneter, dass man in ihr steht. In ihr sind Männer, die es lieben, sich zu reinigen. Gott liebt die, die sich reinigen."* (Koran 9:108)

Es ist die Moschee, in der der Betende die Spiritualität des Propheten spürt und die innere Ruhe fast mit den Händen erlebbar ist.

Nachdem Aufenthalt in Qibaa machte sich der Prophet mit seinem Weggefährten Abu Bakr auf dem Weg nach Medina und mit ihm eine große Anzahl von den angesehenen Menschen der Aus und Khazraj. In einem emotionalen Zug trug er den Frieden mit nach Medina.

## Die Medina – die Idealstadt

Medina hatte einen Termin mit dem großen göttlichen Schicksal, denn keine andere Stadt hatte sich jemals so auf einen Besucher vorbereitet, wie Yathrib auf den Propheten. In der Tat ist der Besucher auch nicht irgendeiner, sondern der Gesandte des Himmels zur Erde. Yathrib wird sich nach seiner Ankunft von ihrer Dunkelheit und ihren Schattenseiten reinigen. Sie wird zur beleuchtenden muhammadenischen Medina, die geehrte Stadt. Wenn es die Aufgabe der mekkanische Phase war die Heiden und die Anbeter der vielen Götter zu konfrontieren, so war die Aufgabe der medinensischen Phase eine prophetische Reform. Es war die Phase, in der die islamischen Grundwerte eingepflanzt wurden.

Die Bewohner der Stadt versammelten sich alle an der Grenze Medinas, um den langersehnten Propheten mit Gesang zu empfangen. Aus dieser Situation stammt das berühmteste islamische Lied:

> „Heller Mondschein leuchtet
> droben aus den Bergen von Wadä;
> lasst uns Allahs Güte loben,
> Er betet zu keinem außer Allah!
> Oh du zu uns Gesandter
> Bist mit dem gekommen, was befolgt werden muss
> Du bist gekommen und hast Medina geehrt
> Willkommen seist du, oh Bester"

Mit der Ankunft Muhammads in Medina fängt die islamische Zeitrechnung nach der Hidschra an. Es ist die Zeitrechnung die einen Übergang vom Shirk, der Götzendienerei zum Glauben markiert und ab der die islamische Geschichte ihren Teil in der menschlichen Geschichte schreibt. Der Prophet lebte einige Monate im Haus von Abu Ayub al-Ansari, was eine besondere Ehrung für ihn war. Die Medina des Gesandten wird für ewige spirituell mit ihm verbunden sein, denn er ist es, der sie „Medina" nannte und der in all ihren Ecken die Spiritualität verbunden hatte. Er lebte viele Jahre in Medina und verstarb dort. Sein Grab befindet sich in der großen Moschee in Medina und daneben das Grab seiner Gefährten Abu Bakr und Umar. Die Gräber der restlichen Sahaba befinden sich in der Grabstätte „Baqii" unweit von der Moschee.

Auch in Medina besuchte Gibrjil den Propheten 10 Jahre lang mit Botschaften des Himmels, womit Medina zur zweitheiligen Stadt des Islams wird. Muhammad verwandelte die heidnische Stadt Yathrib in die Stadt der Tugend, die muhammadenische Stadt Medina.

Muhammad kam, um die edlen Tugenden zu vervollständigen, denn Allah beschrieb ihm im Koran:

*„Du bist fürwahr von großer Tugend."*
*(Koran 68:4)*

In Medina lebten die ersten Schüler Muhammads, die Sahaba, die besten Menschen, die diese Erde bewohnt haben. Zwei Tage nach der Ankunft des Propheten fing der Prophet an, in Medina eine Moschee zu bauen und daran angehängt ein kleines Haus für ihn. Er baute Schulter an Schulter an die Sahaba mit seinen eigenen Händen die Moschee, was seine Bescheidenheit widerspiegelt. Ein Gefährte sah ihn einen großen Stein tragen und rief: „Oh Gesandter Gottes, gib mir diesen

Stein", um den Propheten zu entlasten. Die Antwort des Propheten darauf lautete: „Nimm einen anderen Stein. Du bist nicht noch mehr nach der Belohnung Gottes bedürftig als ich." Neben der Moschee erbaute der Prophet eine Unterkunft für die sogenannten „Ahl al-Suffa", ein caritativer Ort, in dem Obdachlose schlafen konnten. Laut einer Überlieferung zählten die Ahl al-Suffa bis zu 300 Menschen, darunter waren Abu Huraira, Abu Zarr al-Ghaffari, Kaab ibn Malek, Abdullah ibn Masuud, Bilal, Salman al-Farisi, Suhaib al-Rumi aber auch Zaid ibn al-Khattab und al-Baraa ibn Malik. Der Prophet liebte die Gesellschaft dieser ärmeren Gruppe und genoss es den ganzen Abend bei ihnen zu verbringen. Er forderte die Sahaba auf den Ahl al-Suffa jede Nacht Essen vorbeizubringen und sagte einst zu Ahl al-Suffa: „Wenn ihr eure Stellung bei Allah kennen würdet, so hättet ihr euch gewünscht noch ärmer zu sein." In einem bekannten Bittgebet heißt es: „Oh Allah, lass mich bedürftig leben, bedürftig sterben und zu den Bedürftigen gehören." Er forderte seine Gefährten dazu auf, auf dieser Welt wie Passanten zu sein. Es gibt keinen Zweifel daran, dass die prophetische Schule, die Schule der Weisheit, der Toleranz und der Geduld war. Es genügt uns nur über die Askese des Propheten zu sprechen. Der Prophet lehrte uns, dass die Abhängigkeit vom irdischen Gut der Beginn aller Sünden ist. Zu Beginn des Prophetentums Muhammads gab Allah ihm zwei Optionen, Berge aus Gold zu besitzen und ein König zu sein oder zu den normalen Menschen zu gehören. Der Prophet sagte: „Nein mein Herr, es ist mir lieber ein Tag hungrig und ein Tag gesättigt zu sein. An dem Tag, an dem ich hungrig bin, bete ich Dich an und wende mich an Dich

und an dem Tag, an dem ich gesättigt bin, lob ich Dich und danke Dir."
Der Prophet lehnte das Gold ab und entschied sich für das bescheidene
Leben. Das bedeutet jedoch nicht, dass sich die Menschen wünschen
sollen arm und bedürftig zu sein, sondern dass sie selbstständig sein
und hart arbeiten sollten ohne, dass dies im Herzen innewohnt und dass
man gegenüber Anderen Hass empfindet.

### Die offene prophetische Schule

„Al-Masjid" (dt. die Moschee) stammt aus dem Wort „sujuud" (dt.
Niederwerfung). In der Moschee sind alle Tugenden und jeder Segen
vereint, denn sie ist ein spiritueller Ort, in dem Gottesdienste abgehal-
ten werden, Gott gedacht und Koran gelernt wird. Die Moschee war
auch der Ort, an dem der Prophet seine Funktion als Richter ausübte.
Der Sahabi Bilal ibn Rabah war der Erste, der den Azaan (dt. Gebetsruf)
rief. Der Azaan ist in eine Art Inspiration durch die Träume von mehreren Gefährten des Propheten in seiner Form festgelegt worden. Diese
Inspiration wurde vom Propheten gesegnet.

In Mekka stellte Dar al-Arkam, den Versammlungsort der Muslime,
die erste prophetische Schule dar, während die Moschee in Medina, neben ihrer Rolle als spirituellen Ort, die erste offene prophetische Universität im Islam darstellte. Die Moschee spielte zudem eine wichtige
kulturelle Rolle und das nicht nur in der Bildung und der Erziehung der
Sahaba, sondern in vielen anderen wichtigen Bereichen.

Die Bildung und die Wissensaneignung haben im Islam eine wichtige Rolle. Es ist daher wichtig die Relation zwischen Wissen und Glauben zu verstehen, denn es handelt sich dabei um eine besondere interaktive Beziehung. Der Prophet sagt: „Wenn ich an einem Tag mein Wissen nicht vermehrt habe, so ist dies kein gesegneter Tag." Dieser Hadith ist die prophetische Erklärung für das Bittgebet, das oft von Gesandten aufgesagt wurde: „Oh Allah, vermehre mein Wissen." Aus dem Hadith ist herauszulesen, dass mit der Abwesenheit des Wissens die Lichter des Himmels und die Weisheit im Leben der Menschen verschwinden. Denn in der Abwesehheit des Wissens kann nur Dunkelheit und Unwissen herrschen. Es ist bemerkenswert, dass die Wissensaneignung im Islam als kontinuierlicher Gottesdienst betrachtet wird. Die Wissensaneignung, vor allem wenn diese dann nützlich für die Menschen sein wird, ist eine Art von Dschihad. Nach den prophetischen theoretischen und praktischen Methoden für die Erziehung der Sahaba spirituell und hinsichtlich des Charakters und des Verhaltens näherten sich die Muslime dem Koran so an, dass sie 10 Verse des Korans zuerst verstanden, lernten und ihre Lehren im Leben praktisch umsetzten, bevor sie sich den nächsten Versen widmeten. Der Prophet brachte ihnen die Geheimnisse und die Bedeutung der Verse nicht nur sprachlich, sondern auch inhaltlich bei und vermittelte dabei die Spiritualität. Dadurch wurden ihre Seelen und Herzen gereinigt, sie lernte Gott besser kennen und lebten einen bewussten Glauben aus. Das realisiert den Vers:

*„Allah ist der Schutzherr derjenigen, die glau-*
*ben. Er bringt sie aus den Finsternissen heraus ins*
*Licht." (Koran 2:257)*

Wenn man wahres Wissen esitzt wird der Egoismus keinen Platz haben und die Seelen werden die absolute Hingabe zu Gott erreichen und wenn man diesen Grad erreicht wird das ganze Leben und die ganzen Mühen von Allah begleitet sein.

*„Doch die für uns streiten, die wollen wir auf*
*unseren Wegen leiten. Denn siehe, Gott ist fürwahr*
*mit denen, die Gutes tun." (Koran 29:69)*

Somit werden die koranischen Kenntnisse zu spirituellem Wissen im Dienst der Menschen und zu einer inneren Bereicherung. Auf diese Weise erzog der Prophet die Sahaba und seine Nachfolger und machte sie zu besonderen Vorbilder für die Menschen. Es lohnt sich hier auf die bekannte Geschichte zwischen Abu Bakr und Hanzala zu verweisen, die die Rolle des Propheten als Erzieher aufzeigt und wie die Herzen der Sahaba geöffnet wurden. Eines Tages traf Hanzala Abu Bakr und erzählte ihm, dass er sich schlecht und wie ein Heuchler fühlt: „Während der Sitzungen mit dem Gesandten erzählt uns Muhammad vom Paradies und vom Höllenfeuer und der Strafe Gottes als wäre das vor Augen zu sehen und es sind besondere spirituelle Momente, in denen wir Gottesnähe spüren und sobald wir heimgehen spielen wir mit unseren Kindern, unterhalten uns mit unseren Frauen und vergessen diese spirituellen Momente." Abu Bakr und Hanzala entschieden sich zum Propheten zu gehen und mit ihm über dieses Gefühl zu sprechen. Der Prophet sagte: „Bei dem in dessen Hand meine Seele ist, wenn ihr in dem Zustand bleiben würdet, in dem ihr mit mir seid, so hätten euch die Engel auf der Straße gegrüßt und eure Hände geschüttelt. Aber Hanzala, eine Stunde so und eine Stunde so." Aus dieser Geschichte lernen wir, dass die Sahaba in Anwesenheit des Propheten und wenn ihre Herzen mit seinem verbunden waren, in einem speziellen Glaubenszustand kamen, in dem die Herzen geöffnet waren.

Wir lernen daraus auch, dass der Prophet die Herzen der Menschen von einem normalen in einem speziellen Zustand mitnehmen konnte. Es ist selbstverständlich, dass die Generation, die mit dem Gesandten lebte, die beste Generation in der Geschichte der Menschheit ist. Aus der offenen prophetischen Universität kamen Gelehrte, große Denker und weise Menschen hervor aber auch Führungskräfte, die die islamische Zivilisation auf die Beine stellten. Die erste Sahaba-Generation ist wie ein Leuchtturm, der bis heute den Weg beleuchtet.

Absolventen dieser offenen prophetischen Universität waren auch die vier rechtgeleiteten Kalifen Abu Bakr, Umar, Uthman und Ali, die von einfachen Händlern, Hirten und Götzendiener durch das, was der Prophet in ihnen einpflanzte zu weltberühmten Persönlichkeiten wurden. Sie zeigten was sie an Weisheit und humanistische Werte besaßen, im Gegensatz zu anderen politischen Führungskräften aus der Geschichte. Die Ausnahmen unter ihnen bestätigen die Regel. Sie schafften es die arabischen Völker zu vereinen und eine blühende arabische Zivilisation zu gründen.

Die Moschee hatte zudem eine wichtige gesellschaftliche und humanistische Rolle in der Beseitigung der Gesellschaftsklassen. Sie trug dazu bei, dass die Gesellschaft von jeglicher Art von Rassismus befreit wurde und das durch die Gebete der Muslime Schulter an Schulter, Arme neben Reiche, Hellheutige neben Dunkelheutige. Es ist gibt vor Gott keinen Platz für Diskriminierung oder Rassismus. Durch diese Harmonie konnten die Werte Geschwisterlichkeit und Brüderlichkeit innermuslimisch gestärkt werden.

## Al-Muaakha – Die Geschwisterlichkeit

Der Begriff „muaakha" ist ein besonderes Prinzip, das mit „zu Geschwistern machen" übersetzt werden kann. Neben dem Bau der Moschee in Medina, der wenige Monate benötigte, baute der Prophet die Brüderlichkeit bzw. Geschwisterlichkeit zwischen den Muhajirin, jenen die aus Mekka herwanderten und den Ansar, den ursprünglichen Einwohnern Medinas auf. Das Ziel des Prinzips der *muaakha* war es einen menschlichen, humanistischen und moralischen Rahmen für die soziale Solidarität zu schaffen.

Hauptgrund für die *muaakha* war es anfangs Lösungen für die wirtschaftlichen und alltäglichen Herausforderungen zu finden, die durch die Auswanderung der Muslime aus Mekka entstanden. Doch darüber hinaus leistete das Prinzip der Geschwisterlichkeit einen wichtigen Beitrag dafür, die unterschiedlichen sozialen Schichten in der Gesellschaft zu beseitigen, alle Einwohner gleichzusetzten und ein starkes Zeichen gegen die Diskriminierung zu setzen. Die Muhajirin waren in etwa 180 Personen. Nach dem Prinzip der *muaakha* ist jedem Ansari ein Muhajir als Bruder zugeteilt worden, sie arbeiteten gemeinsam wie leibliche Geschwister. Die Solidarität der Ansar übertraf in dieser Hinsicht alle Vorstellungen. Dieses Prinzip zu praktizieren war eine Art religiöses Opfern.

Der Koran betont und lobt die Taten der Ansar bei der herzlichen Aufnahme der Muhajirin und ihre reinen Seelen. Ihnen wird im Koran Vergebung und Versorgung versprochen.

> *„Die aber glaubten, auswanderten und auf dem Wege Gottes kämpften, und diejenigen, die Asyl und Hilfe gewährten, das sind die wahrhaft Gläubigen. Für sie ist Vergebung und großzügige Versorgung."* (Koran 8:74)

Der bekannte Gelehrte al-Buti erwähnt, dass die Gemeinde Medinas auf drei Säulen aufgebaut ist, die Moschee, die Geschwisterlichkeit und die Charta von Medina, die einen gesellschaftlichen Vertrag zwischen Muslimen und Nicht-Muslimen darstellt. Dieser Vertrag verwirklichte die Einheit Yathribs und regelte die Beziehung zwischen den Muslimen und den Nicht-Muslimen auf einer soliden Grundlage von Freiheit, so dass ein Bündnisverhältnis erzielt wurde. Der Prophet pflegte auf Basis dieses Vertrages eine äußerst freundliche und freundschaftliche Beziehung zu den Juden in Medina und sicherte ihnen ihre Rechte und Pflichten zu. So steht in der Charta beispielsweise: „Wer uns von den Juden folgt, dem stehen Hilfe und Gleichberechtigung zu: ihnen wird weder Unrecht getan, noch wird gegen sie Unterstützung gewährt." Auch die Religionsfreiheit und Gemeinschaftlichkeit wird in dem Vertrag zugesichert: „Die Juden und die Gläubigen sind eine Gemeinschaft: die Juden haben ihre Religion, und die Muslime haben ihre Religion, und zwar sowohl ihre Schutzbefohlenen als auch sie selbst. Ausgenommen ist, wer Unrecht tut bzw. sündigt und der ruiniert niemanden außer sich selbst und die Angehörigen seines Hauses... Den Juden obliegen ihre Ausgaben und den Muslimen ihre Ausgaben. Sie helfen einander gegen jeden, der die an diesem Vertrag Beteiligten bekämpft. Unter ihnen herrschen Beratung und freundschaftliche Ermahnung und Güte anstelle von Schlechtigkeiten. Keinen trifft jedoch das Vergehen eines Verbündeten. Hilfe steht dem zu, dem Unrecht geschah. Die Juden geben mit den Gläubigen von ihrem Vermögen, solange sie beide Kriegsführende sind."

# 5. Kapitel: Die Kriege gegen die Muslime

## Die Schlacht von Badr

Als erstes sei angemerkt, dass die Feldzüge und die Kriege nicht die Sira ausmachen und der Prophet lediglich ein Ankündiger, Rechtleiter und Wegweiser zu Gott war und keinesfalls ein Krieger. Das Leben des Propheten hat uns eine Biographie geliefert, die voll mit erstaunlichen Leistungen ist. Er war Lehrer, Erzieher, Rechtleiter, ein weiser Mensch und ein funkelndes Licht. In etwa zwanzig Jahren konnte er wissenschaftlich, gedanklich und kulturell eine Umma (dt. Gemeinschaft) aufbauen, die er stark prägte. Die kulturelle Basis der muslimischen Umma ist auf Ehre und Würde aufgebaut. Er hat seiner Gemeinschaft gezeigt, wie sie mit ihren Gegnern bzw. Feinden in Frieden und im Krieg umgehen soll.

Deshalb sind die Kriege, die für die Muslime unvermeidbar waren, lediglich ein ganz kleiner Teil der Biographie des Propheten. Das Ziel der Schlacht von Badr oder von Uhud war es beispielsweise nicht Krieg gegen Quraish zu führen. Es handelt sich dabei um Konflikte, die sich entwickelt haben und um Angriffe Quraishs auf die Muslime. Das trifft genauso auf die Schlacht von Khandaq zu, bei der eine Koalition von Quraish und anderen arabischen Sippen mit einem großen Heer von 10000 Soldaten Medina belagerten und das mit dem klaren Ziel die Muslime in Medina zu vernichten.

Alle Tage, die die Muslime zur Zeit des Propheten in Krieg verbracht waren 10 bis maximal 14 Tage. Die Anzahl der Kriegsopfer in Lebzeiten des Propheten von beiden Seiten, muslimischer und nicht-muslimischer Seite belief sich in allen Kriegen zusammengezählt auf 400-500.

Es ist wichtig zwischen dem damaligen Verständnis von *ghazwa* (dt. Schlacht, an der der Prophet teilnahm) und zwischen dem heutigen Verständnis zu unterscheiden. Denn die *ghazwa* damals entspricht nicht dem, was heute unter Angriff und das Zufügen von Unrecht verstanden wird.

In diesem Kapitel werden Auszüge aus den wichtigsten Kriegen des Propheten ins Licht gerückt. Dies wird uns dabei helfen, die frühe Geschichte des Islams und seiner Entwicklung zu verstehen. Die Schlacht von Badr war die erste, mit der die Muslime konfrontiert waren und sie waren, was die Vorbereitung und Kriegsausrüstung betrifft, im Nachteil. Die Muslime mussten Mekka verlassen und durften nicht mal ihr Vermögen und Besitz mitnehmen. Die Mekkaner nahmen ihre Häuser ein und enteigneten sie und verkauften ihr Eigentum. Einige Muslime versuchten daher einen Teil der Ware von der Karawane Quraishs zu nehmen. Diese Karawane marschierte mit der Ware von und nach Syrien an Medina vorbei und Ziel war es sie auf dem Weg aufzuhalten. Der Prophet stimmte dieser Idee zu, so dass die Muslime, die alles verloren hatten, zumindest einen Teil zurückbekamen. 300 Männer machten sich also auf dem Weg die Karawane zu stoppen, die aus tausend Kamelen unter der Führung Abu Sufyans bestand. Als Abu Sufyan von dem Vorhaben der Muslime hörte, schickte er einen Mann nach Mekka, der ihnen von dieser Gefahr berichtete. Quraish bereitete 1000 Kämpfer vor und machte sich auf dem Weg, um ihre Karawane zu schützen. Die Sira Bücher erwähnen, dass die Karawane ihren Weg änderte und so den Muslimen die Chance nahm, ihren Weg zu behindern. Dennoch kehrten die mekkanischen Kämpfer nicht zurück und marschierten weiter Richtung Medina und nahmen sich Badr (ein Ort unweit von Medina) als Ziel. Sie campten in Badr und feierten, dass ihre Karawane unbeschädigt blieb und um ihre Macht auf der arabischen Halbinsel zu demonstrieren. Die Muslime wollten eigentlich keinen Krieg, doch es war für den Propheten klar, dass es unvermeidbar ist, gegen die Mekkaner zu kämpfen.

> „(39) Denen, die bekämpft werden, wurde es erlaubt, weil man ihnen Unrecht tat – siehe, Gott hat die Macht, ihnen beizustehen –, (40) die ohne Recht aus ihrer Wohnstatt vertrieben wurden, nur weil sie sprachen: «Unser Herr ist der eine Gott.»"
> (Koran 22:39-40)

Allah erlaubte es den Muslimen, sich und ihre Religion und Überzeugung zu verteidigen, denn sie wurden bekämpft, ihnen wurde Unrecht angetan und sie sind aus ihren Häusern vertrieben worden. Diese Erlaubnis von Gott ist jedoch nicht als Angriff auf irgendwem auszulegen. Der Vertrag von Aqaba zwischen den Ansar und dem Propheten verpflichtet die Ansar nicht dazu mit dem Propheten außerhalb von Medina zu kämpfen. Der Prophet hat in seiner Gemeinschaft das demo-

kratische Beratungsprinzip verwurzelt und sprach so mit allen muslimischen Akteuren in Medina, mit den Ansar und den Muhajirin. Er
versammelte die Muslime und sagte ihnen: „Oh ihr Leute, beratet mich.
Was würdet ihr in dieser Situation an meiner Stelle tun?" An dieser
Stelle stand al-Miqdad ibn Amr auf und sagte: „Bei Allah, wir werden
dir nicht das sagen, was die Kinder Israels zu Moses sagten ‚Geh du und
dein Herr und kämpfet, wir werden hier sitzen bleiben'. Wir sagen dir:
‚Gehe du und dein Herr, wir sind mit euch und kämpfen an eurer
Seite.'".

### Führe uns mit Gottes Segen

Nach der Aussage von al-Miqdad ibn Amr stand Saad ibn Muaas auf,
einer der Anführer der Ansar und einer jener, die die Vereinbarung mit
dem Propheten abgeschlossen hatten. Er realisierte, dass der Prophet in
der Tat die Meinung der Ansar dazu wissen wollte und sagte: „Wir
glaubten an dich, erklärten dich für glaubwürdig und bezeugten, dass
das, womit du kamst, die Wahrheit ist, und wir gaben dir auf dieser
Grundlage unser Versprechen und unser Abkommen, zu hören und zu
gehorchen, handle wie du willst. Wir sind mit dir. Bei dem, der dich
sandte, solltest du uns zum Meer führen und dich hineinstürzen,
würden wir uns mit dir hineinstürzen und nicht einer von uns würde
zurückbleiben. Es macht uns nichts aus, dass du morgen mit uns auf
unseren Feind triffst. Wir sind ausdauernd im Krieg und zuverlässig im
Gefecht. Vielleicht zeigt dir Allah von uns etwas, was dein Auge er-
freut, so führe uns mit Allahs Segen."

Der Standpunkt von Saad ibn Muaas erfreute den Propheten und bestätigte die Einheit der muslimischen Gemeinde und dass sie dasselbe Schicksal haben. Saad garantierte eine wichtige Bedingung für den Sieg und zwar die Einheit des Inneren. Die Muhajirin allein hätten es auf keinen Fall geschafft gegen die Mekkaner zu kämpfen und sie zu besiegen. Sogar mit der Teilnahme der Ansar war der Sieg nicht garantiert, denn die muslimischen Kämpfer waren weit in der Unterzahl und die Ausrüstung der Muslime viel schwächer als die der Mekkaner. Der Prophet hatte ausschließlich 300 Mann, die teilweise barfuß oder halbangezogen und hungrig waren. Im Gegenteil waren die Mekkaner schwerbewaffnet, besaßen alles, was ein Heer in dieser Zeit benötigte und alle Anführer Mekkas waren mit an Bord. Es bleibt, dass der große Unterschied zwischen beiden Seiten ein symbolischer war. Die Muslime waren mit ihrem festen Glauben und ihrer Überzeugung für das Recht zu kämpfen überlegen. Das ist das dauerhafte Geheimnis für den Sieg. Wichtiger noch ist, dass Allah auf der Seite jener war, die unfair behandelt wurden und die zu Unrecht aus ihren Häusern vertrieben wurden.

Die Schlacht von Badr fand an einem Freitag statt und der Prophet schlief in der Nacht der Schlacht nicht und verbrachte sie demütig im Gebet. Er bat Allah um Unterstützung und Beistand, denn er wusste, dass dieser Krieg eine Richtungsentscheidung für die Zukunft der Muslime ist. Wenn die Muslime diesen Krieg verloren hätten, würde es schwierig für sie werden wieder aufzustehen.

Es war der erste Krieg für die Muslime überhaupt und daher selbstverständlich, dass sein Resultat für ihre Zukunft bestimmend sein wird. An das intensive Bittgebet des Propheten und seine Angst um die Zukunft des Islams und um seinen Nachfolger merken wir, dass die Muslime gar nicht für Krieg hergekommen waren und daher auch nicht vorbereitet waren. Sie hatten ein anderes Ziel und die Ereignisse spitzen sich zu diesem Punkt zu. Zu den Bittgebeten des Propheten gehörte: „Oh Allah, ich bitte dich um dein Versprechen und um deine Vereinbarung mit mir. Oh Allah, wenn diese kleine gläubige Gruppe besiegt wird, wirst du von keinem mehr auf der Erde angebetet." Allah sandte Beruhigungssignale auf seinen Propheten herab.

> „(Gedenke) als ihr euren Herrn um Hilfe anrieft.
> Da erhörte Er euch: «Ich werde euch mit Tausend
> von den Engeln unterstützen, hintereinander reitend»." (9) (Koran 8:9)

> „ Damals, als dein Herr den Engeln eingab:
> «Ich bin mit euch; so stärkt die Gläubigen!
> Ich werde in die Herzen derer, die ungläubig sind,
> Schrecken werfen! So haut sie auf den Nacken,
> und haut auf alle ihre Finger!»" (Koran 8:12)

Zu diesem Zeitpunkt waren sich die Muslime sicher, dass Allah ihre Bittgebete angenommen hat und sie unterstützen wird. Sie spürten die Anwesenheit Gottes in alle Schritte und Phasen des Krieges und ihre erste Lektion war, dass der Erfolg der Muslime nur durch ihre Demut, ihren Glauben, ihre Bittgebete und ihre Zuflucht bei Allah kommen kann.

Es bleibt jedoch, dass die Angst der Muslime begründet war. Rein rechnerisch und logisch war nicht zu erwarten, dass so eine kleine Gruppe ein so professionelles Heer besiegen kann.

Allah pflanzte Angst in die Herzen von Quraish, während die Muslime von Geduld und Vertrauen in Gott umgeben waren. Dadurch erreichten die Muslime schon den halben Sieg, bevor der Krieg überhaupt anfing. Es wird berichtet, dass in den Reihen der Mekkaner Leute waren, die den Krieg nicht wollten und aus Angst sogar zurück nach Mekka kehrten. Abu Jahl, der Anführer Mekkas, war jedoch stur bei seiner Meinung, den Muslimen eine Lektion zu erteilen. Die Spiritualität und das Vertrauen an Gott führten die Muslime jedoch schlussendlich zum Sieg.

### Die Gefangenen: die Ausbildung dagegen Freiheit

Das Heer der Armen kehrte mit dem Sieg und mit den Gefangenen nach Medina zurück. Der Prophet forderte seine Anhänger dazu auf, die Gefangenen gut zu behandeln und sie weder zu beleidigen noch zu missachten – auch nicht mit verletzenden Worten. Der Prophet verbot es, dass die Gefangene unmenschlich behandelt werden, denn der Umgang mit den Anderen ist im Islam in der Tat ein Umgang mit Gott. Das bedeutet, dass Allah mit unserem Umgang den Mitmenschen gegenüber zufrieden sein sollte, unabhängig davon wer die anderen sind, ob Muslime oder Nicht-Muslime. Das sind wichtige Werte und moralische Grundlagen des Islams. Selbstverständlich gab es damals keine geschriebenen Gesetze für die Behandlung der Gefangenen. Der Islam legte aber seine moralische und ethische Grundlage, die diesen Umgang regelte. Der Gefangene hat im Islam seine menschliche Würde und Menschenrechte, die der Prophet in den oben genannten Regeln zusammenfasste.

Es war das erste Mal, dass die Muslime Gefangene bei sich hatten. Die Fragen, die sich damals stellten, lauteten: Wie sollten die Muslime damit umgehen und welche Strafe haben sie verdient? Deshalb fragte der Prophet die Sahaba nach ihrer Meinung: Sollen sie getötet werden, weil sie selbst Muslime töteten? Sollen sie gegen Kopfsteuer (ar. Fidiya) freigelassen werden? Abu Bakr versuchte den Propheten milde zu stimmen und sagte: „Oh Gesandter Gottes, du giltst mir als Vater und Mutter! Dies sind deine Leute, unter ihnen Väter, Söhne, Onkel, Neffen und Brüder, und ihr Entferntester ist ein Verwandter von dir. Erweise ihnen Gnade, und möge Allah dir Gnade erweisen; oder löse sie aus, und möge Allah sie durch dich vor dem Höllenfeuer retten. Nimm von ihnen das, womit du die Muslime stärken kannst. Vielleicht ändert Allah ihre Herzen." Die Meinung Umars war im Gegensatz zu der Abu Bakrs härter: „Oh Gesandter Allahs, sie sind Allahs Feinde, sie stellten dich als Lügner hin, bekämpften dich, und vertrieben dich. Töte sie! Sie sind die Köpfe des Unglaubens und Anführer der Irreleitung. Möge Allah durch sie dem Islam den Weg ebnen und die Polytheisten durch sie erniedrigen." Auf der einen Seite versuchte Abu Bakr den Propheten zu mildern und auf der anderen Seite forderte Umar Härte ein. Der Prophet dachte über diese beiden Ansichten nach und teilte sie den anderen Muslimen mit. Sie berieten sich alle samt und der Prophet entschied sich schließlich dafür, die Gefangenen gegen eine Ablöse frei zulassen. Einen der Gefangenen lies der Prophet sogar ohne Ablöse gehen, nachdem dieser ausführte, dass er fünf Töchter hat, die sonst keinen und nichts haben und dass er sich nie mehr gegen den Propheten stellen wird. Diese Situation zeigt, dass es keineswegs das Ziel des Propheten war einfach seine Feinde zu töten, sondern dass er stets eine humanistische und barmherzige Linie befolgte.

Nachdem der Prophet der Meinung von Abu Bakr folgte, wurde der Vers 67 von Sure al-Anfal offenbart.

> *„ Einem Propheten steht es nicht an, Kriegsgefangene zu haben, solange er das Land nicht ganz bezwungen hat. Ihr wollt das Glück des Diesseits, Gott aber will das Jenseits." (Koran 8:67)*

Gott ist mächtig, weise.Interessant ist dabei, dass sich viele muslimische Gelehrten auf dem obigen Vers berufen und die Meinung vertreten, dass der Prophet überhaupt keine Geiseln nehmen durfte.

Die Positionen des Gesandten gegenüber zwei Gefangenen, zeigt einen besonderen Aspekt in der Frage: Die erste Person war sein Schwiegersohn Abu Asi ibn Rabi, der Eheman Zeinabs Tochter des Propheten und die zweite Person war sein Onkel al-Abbas. Unter den Gefangenen befand sich Abu al-Aas ibn Rabi, der Ehemann der Prophetentochter Zainab. Obwohl der Islam Zainab von ihrem Mann schied, konnte der

Prophet die zwei bis zur Hidschra nicht trennen und sie lebte weiterhin als Muslimin bei ihrem heidnischen Mann. Als Quraish die Ablösegelder nach Medina schickte, schickte auch Zainab das Geld zur Ablöse ihres Mannes und dazu eine Kette, die ihr ihre Mutter Khadija geschenkt hatte. Der Prophet sah die Kette und ihm tat seine Tochter leid. Er ließ ihr ihr Geld und die Kette wieder zurückschicken.

Was seinen Onkel al-Abbas betrifft, so äußerte der Prophet den Sahaba den Wunsch, dass er ihn gerne freilassen würde. Er wartete ihre Antwort ab und wäre mit ihrer Meinung einverstanden. Die Sahab stimmten ihm zu und sie ließen al-Abbas ohne Ablöse frei.

### Der Feldzug Uhuds

Seit dem Badr Krieg im 2. Jahr nach der Hidschra und bis zum Feldzug von Uhud im ersten Quartal des 3. Jahres nach der Hidschra erlebten die Muslime keine großen Ereignisse in Medina. Die Lage zwischen Medina und ihrer Umgebung war jedoch nicht stabil. Quraish bereitete sich nach der Niederlage in Badr, die ihre bisher größte Niederlage war, auf einen Racheangriff auf die Muslime vor. Diesmal bestand das Heer Quraishs unter der Anführung Abu Sufyans aus 3000 Mann. Finanziert wurde das von den Geschäftsleuten, deren Waren in der Karawane bei Badr gerettet wurden. Zu diesem Anlass erwähnt der Koran:

> *„Siehe, die Ungläubigen geben ihre Güter dafür aus, vom Wege Gottes abzuhalten, und sie geben es weiterhin dafür aus. Dann werden sie es bedauern. Dann werden sie überwältigt."* (Koran 8:36)

Das Heer von Quraish machte sich auf dem Weg nach Medina und die Muslime brachen nach langer Diskussion ebenfalls auf.

Zur Schlacht von Uhud gab es zuerst zwei Meinungen: Diejenigen, die in Medina bleiben wollten und die Mehrheit, die zur Verteidigung raus aus Medina gehen wollen. Zu jenen, die in Medina bleiben wollten gehörte Abdullah ibn Ubaij ibn Salul. Dieser argumentierte damit, dass Medina wie eine Festung sei, die Frauen und Kinder mit Steinen bewaffnet in obere Stockwerke untergebracht wären und nie wer in Medina eindrang, ohne dass er Verluste erlitt und nie die Medinenser aus Medina herausgingen, ohne dass sie Verluste erlitten. Diese Meinung vertraten auch die Älteren der Gefährten, sowie der Prophet selbst. Die Jüngeren jedoch waren voller Tatendrang und wollte auf die Feinde zu gehen. Sie wollten ja nicht, dass die Mekkaner dachten, sie hätten Angst und hätten sich in ihren Häusern versteckt. Die Befürworter des Auszugs waren voller Zuversicht, dass sie den Kampf, wie beim ersten Mal auch diesmal gewinnen werden. Sie sprachen von Tapferkeit und fürchteten sich nicht vor einem Märtyrertod. Der Prophet befürchtete bis zu Letzt, dass mit dieser Meinung eine Niederlage einhergehen könnte, befolgte aber die Meinung der Mehrheit, die für den Auszug war, da die Beratung seine Grundlage war.

Als die Muslime Medina verließen und sich auf dem Weg zum Berg Uhud machten, änderten einige Heuchler ihre Meinung und wollten doch weiterhin in Medina bleiben. Dann offenbarte Allah folgenden Vers:

> *„und die erkenne, welche Heuchler sind. Zu ihnen wurde gesagt: «Kommt her, kämpft auf dem Wege Gottes – oder schlagt zurück!» Sie sprachen: «Wenn wir von einem Kampfe wüssten, dann würden wir euch folgen.» Sie waren an jenem Tage dem Unglauben näher als dem Glauben, indem sie mit dem Munde sprachen, was nicht in ihren Herzen war. Gott kennt sehr genau, was sie verbergen."* (Koran 3:167)

Die zwei Fronten trafen sich bei Uhud und die Muslime hatten zu Beginn den Sieg in der Hand. Allerdings begangen sie zum Schluss einen großen Fehler, bevor sie beinahe Quraisch besiegt hatten. Obwohl der Prophet den muslimischen Bogenschützen ausdrücklich sagte, dass sie ihre Rücken beschützen und keinesfalls ihre Plätze verlassen sollten, haben sie aus Gier nach mehr Beute ihre Posten verlassen. Nachdem sie die Befehle des Propheten nicht befolgten, umkreiste Khaled Ibn al-Walid, der militärische Anführer Mekkas, mit einer kleinen Gruppe den Berg und belagerte die Muslime. Das war der Wendepunkt, der den Mekkaner die Oberhand verschaffte.

Es ist soweit gekommen, dass der Prophet durch einen Angriff von oben in Gefahr war. Die Angreifer aus Quraisch waren dem Gesandten ganz nah und hatten das Ziel ihn zu töten. Der Prophet wurde in der Schlacht verletzt und ohnmächtig. Der Prophet sagte: „Wie kann ein Volk, die das Gesicht ihres Gesandten bluten lassen erfolgreich sein, während er sie zu Gott, ihren Herren einlädt." Dann kam die Antwort:

*„– du hast mit dieser Sache nichts zu tun –,*
*oder um sich ihnen zuzuwenden oder sie zu strafen,*
*denn siehe, sie sind Frevler!" (Koran 3:128)*

Der Prophet erlebte eine wahre Gefahr, aber überstand sie.

## Die Verteidigung des Propheten

Die Sahaba kreisten sich schnell um den Propheten und versuchten ihn mit allen Mitteln zu schützen. Die Mekkaner griffen die Menschen, die um den Propheten waren, gezielt an mit dem Ziel, dass sie den Gesandten erreichen. Die Sahaba verhielten sich heldenhaft und konnten den Gesandten letztlich beschützen. Unter den Nachrichten, die die Mekkaner verbreiteten, war der Tod bzw. die Ermordung Muhammads. Saad ibn Rabi war durch die Schlacht verletzt und als er dieses Gerücht hörte, sagte er: „Ich bezeuge, dass Muhammad die Botschaft überbracht hat und für die Religion gekämpft hat. Auch wenn Muhammad verstorben ist, so ist Allah lebend und stirbt nie." Nachdem er diese Aussage tätigte starb er. Später wurde ein Vers (Sure 3:144) herabgesandt, der die Aussage von Sad bekräftigte:

*„Mohammed ist nichts als ein Gesandter, dem*
*andere Gesandte vorausgegangen sind. Wenn er*
*nun stirbt oder getötet wird, macht ihr dann etwa*
*auf eurem Absatz kehrt? Wer auf seinem Absatz*
*kehrtmacht, der wird Gott keinen Schaden antun.*
*Den Dankbaren jedoch wird Gott vergelten."*
*(Koran 3:144)*

Unter denjenigen, die den Gesandten verteidigten, befand sich eine Frau namens Nusaiba bint Kaab, die unter dem Namen Um Imara al-Ansareya berümht war. Sie hat den Propheten mit so viel Mut verteidigt, wie die anderen Gefährten. Sie kämpfte und verteidigte den Propheten und erlitt dabei selbst eine Verletzung. Daraufhin sagte der Prophet zu ihr: „Wer erträgt nur, was du ertragen hast Um Imara?"

Hamza war der Onkel des Gesandten, der ihn immer unterstützte. Hind bint Utba, eine angesehene Frau aus Mekka, arrangierte den Profikiller Wahshy mit dem Ziel, dass er sich für den Tod ihres Vater Utba ibn Rabi und ihres Bruders al-Walid ibn Utba rächt, die beide in Badr von Hamza getötet wurden. Wahshy war ein Sklave und Hind versprach ihm die Freiheit, wenn er seine Aufgabe erfüllte. Es gibt viele Erzählungen über die Grausamkeit Hinds und der Ermordung von Hamza, was uns hier jedoch beschäftigt ist der Prophet und wie das für ihn war. Der Anblick seines verstorbenen Onkels und der von Hind geschändeten Leiche war für den Propheten sehr schwer und die Sahaba berichten, dass sie die Tränen des Propheten fließen sahen. Wie sollten seine Tränen auch nicht fließen, wenn es sich hier um den Verlust eines geliebten Menschen, seines Onkels und Milchbruders handelt. Ich kann mir vorstellen, dass der Prophet auch deswegen weinte, weil Hind die Heiligkeit des Menschen und seine Würde nicht geachtet hatte, in dem sie, einigen Geschichten zu Folge, den Bauch Hamzas nach dem Tod aufschlitzte. Als manche Muslime den Propheten darum baten ein Bittgebet gegen jene zu sprechen, die Hamza töteten, sagte er: „Bei Allah, ich bin nicht als Verflucher gesandt worden, sondern als Barmherzigkeit für die Menschheit." Sogar in dem Moment, in dem der Prophet voller Wut und Schmerz war, weigerte er sich, seine Feinde zu verfluchen.

Aus Uhud können mehrere Lektionen gezogen werden. Uhud war eine intensive und lehrreiche spirituelle Praxis, in der die Einheit der Muslime wichtig war. Einige Muslime gehorchten dem Propheten nicht und ließen ihn alleine, was ein Grund für diese Niederlage war. Diese Menschen haben den Kampf gegen sich selbst und ihren schlechten Neigungen nicht gewonnen und konnten die Feinde deshalb auch nicht besiegen. Wichtig ist, dass man zuerst den Dschihad al-Nafs betreibt. Mit der Offenbarung dieser Verse aus Sure al-Imran hat Allah den entscheidenden Endbericht dieser Schlacht herabgesandt.

> *„(139) Ermattet nicht, und seid nicht traurig, wo ihr doch die Oberhand behaltet, sofern ihr gläubig seid! (140) Wenn euch eine Verwundung ereilte, dann ereilte ein Gleiches auch den Feind. Jene Tage lassen wir zwischen den Menschen wechseln – dass Gott die erkennt, die glauben, und sich Zeugen aus euch nimmt – Gott liebt ja nicht die Frevler – (141) und dass Gott die prüft, die glauben, und die Ungläubigen ausrottet. (142) Oder rechnet ihr damit, den Paradiesesgarten zu betreten, ohne dass Gott die erkannt hat, die von euch kämpften, und damit, dass er die Geduldigen erkennt?" (Koran 3:139-142)*

Allah wollte durch diese zwei Worte in Vers 139 die Muslime unterstützen und sie wieder motivieren:

> *„Ermattet nicht, und seid nicht traurig,*
> *wo ihr doch die Oberhand behaltet, sofern ihr gläu-*
> *big seid!"* (Koran 3:139)

Zu den Lehren aus der Schlacht Uhuds gehört die Unterscheidung zwischen den wahren Gläubigen und den Heuchlern, jenen die für ihre Werte und ihren Glauben eingestanden sind und jene, die sich für das irdische Gut entschieden haben.

> *„(152) Gott hat sein Versprechen an euch wahr*
> *werden lassen: Damals, als ihr sie, mit seiner Er-*
> *laubnis, schlugt, sogar als ihr verzagtet, euch*
> *daruber strittet und euch ungehorsam zeigtet,*
> *nachdem er euch hat sehen lassen, was euch lieb ist.*
> *Die einen von euch streben nach dem Diesseits, die*
> *anderen von euch streben nach dem Jenseits.*
> *Dann brachte er euch von ihnen ab, um euch zu*
> *prufen, und schließlich verzieh er euch.*
> *Gott ist, den Gläubigen gegenuber, huldreich. (153)*
> *Damals, als ihr hinaufstiegt und euch nach nieman-*
> *dem umwandtet – und der Gesandte von eurem*
> *Ende zu euch rief –, da belohnte er euch mit Gram*
> *für Gram, damit ihr nicht traurig wäret, weder*
> *über das, was euch entgangen ist, noch über das,*
> *was euch getroffen hat. Gott ist vertraut mit dem,*
> *was ihr tut."* (Koran 3:152-153)

In der Tat war die Niederlage bei Uhud eine Gnade von Gott, damit die Muslime nicht in Hochmut verfallen und denken, dass der Sieg immer mit ihnen ist unabhängig davon, was sie dafür tun, wie sie sich verhalten und ob sie dem Gesandten folgen oder nicht. Eine weitere Lektion dieser Schlacht war eine prophetische Lektion. Die Wunden des Propheten, der Schmerz, den er spürte und das Gerücht über seinen Tod, weckten den Glauben im Herzen der Muslime. Allah erwähnt im Koran, dass der Prophet lediglich ein Mensch wie sie ist, dass er gesandt wurde, um die guten Charaktereigenschaften zu vervollständigen und dass er am Ende wie alle Menschen sterben und seinem Gott begegnen wird. Die Muslime sollen also nicht für Muhammad kämpfen, sondern für das wofür Muhammad steht, für den Glauben an Gott und die Glaubensfreiheit. Auch wenn Muhammad körperlich stirbt, bleibt seine Botschaft und seine seelische Kraft als funkelndes Licht erhalten.

## Die innere Front

Trotz der Heldenhaftigkeit, die die Muslime gezeigt haben und ihr großes Opfern, kehrten sie fast gebrochen nach Medina zurück mit dem Geschmack der Niederlage. Dennoch verloren sie die Motivation und den Glauben an sich und an Gott nicht. Neben den Toten gab es noch 150 Verletzte. Sie kehrten nicht nach Medina zurück, um sich auszuruhen, sondern um darüber nachzudenken, wie es zu dem gekommen ist. In Medina hatten die Gläubigen mit weiteren Schwierigkeiten zu kämpfen, denn die Heuchler verbreiteten den Gedanken, dass der Prophet gar kein Prophet sei. Wäre Muhammad wirklich ein Prophet, so hätten ihn die Götzendiener nicht besiegt, hieß es. Dadurch versuchten die Heuchler Verwirrung in der muslimischen Gemeinde zu schaffen und die Muslime zu demotivieren.

Direkt nach Uhud gab es einen Angriff von Beduinen, auf dem sich die Muslime vorbereiten mussten. Es entstand kein Krieg, jedoch forderte dieser Angriff, der direkt nach der Niederlage kam, einen spirituellen Beistand, die der Islam und der Prophet leisteten.

# 6. Kapitel: Die Schlacht vom Khandaq (dt. dem Graben) und ein Wendepunkt der Geschichte

Die Schlacht vom Graben ist auch als die Schlacht der Alliierten bekannt. Dieser Krieg war mehr ein Nerven- und Glaubenstest als eine bewaffnete Konfrontation. Trotzdem bringen die Ergebnisse dieser Auseinandersetzung die islamische Geschichte auf eine ganz andere Ebene.

Im Jahr 5 nach der Hidschra machte sich ein großes Heer aus Mekka, bestehend aus 10000 Soldaten unter der Führung Abu Sufyans auf dem Weg nach Medina und beabsichtigten die 100km lange Strecke in 10 Tagen zurück zu legen. Als die Muslime vom Vorhaben der Mekkaner hörten, sammelten sie alles in ihrer Macht, um sich auf den Angriff vorzubereiten. Sie bestanden lediglich aus 3000 Mann, eine Kluft in den Zahlen, die erschreckend war und die einige Muslime in Angst versetzte.

Der Sahabi Salam al-Farisi brachte die Idee auf, ein 6 km langes, 4 m tiefes und 4 m breites Grab entlang der offenen, nicht von Bergen beschützte Seite von Medina auszuschaufeln. Bis auf diese offene 6 km lange Stelle war Medina von allen Seiten von Bergen beschützt, entlang denen keine Kamele reiten konnten. Dieses strategische Verteidigungsprojekt des Grabes hatte in weniger als 10 Tagen fertig zu sein. Die Muslime arbeiteten Tag und Nacht und schaufelten mit den einfachen

Werkzeugen, die sie zu dieser Zeit zur Verfügung hatten. Der Prophet selbst arbeitete wie alle Gefährten mit und trug Sand und Steine. Umar ibn al-Khattab trug den Sand und die Steine in seiner eigenen Kleidung, da es nicht genug Kübel und Behälter gab. Durch die harte Arbeit schafften es die Muslime den Graben rechtzeitig vor der Ankunft der Feinde auszuschaufeln. Der Anblick des Grabens überraschte die Anführer Quraishs und versetzte sie in Verlegenheit, denn sie hatten einen direkten und schnellen Angriff auf die Muslime geplant. Diesen Plan konnten sie durch den Graben nicht mehr verwirklichen. Die Kriege zu jener Zeit dauerten üblicherweise nur wenige Tage an.

Der Vorschlag Salmans den Graben auszuschaufeln war ein göttliches Schicksal. Salman kam aus Persien nach einer langen und anstrengenden Reise voller Überraschungen in Medina an.

Als die Götzendiener Quraish und ihre Alliierten realisierten, dass so kein Angriff möglich wird, versammelten sie sich um den Graben und suchten nach einer Lösung bzw. einem Umweg. Beide Seiten fingen mit dem Bogenschießen an und auch wenn die direkte Konfrontation verhindert werden konnte, war es in Medina unruhig, denn die Anzahl der Muslime war weit kleiner als die der Feinde. Drei Reiter der Alliierten schafften es schließlich zur muslimischen Seite zu gelangen, darunter die berühmten Kämpfer Amr ibn Wud und Ikrima ibn Abi Jahl. Amr ibn Wud forderte die Muslime heraus und fragte, wer denn zum Zweikampf mit ihm bereit war. Es meldete sich unverzüglich sein Neffe Ali ibn Abi Talib zu Wort und sagte: „Du Amr hast einmal geschworen, dass wenn dich ein Quraishit vor die Wahl zweier Sachen stellt, du eine annehmen wirst." Amr bestätigte das und Ali stellte ihn daraufhin vor der Wahl an Gott und den Gesandten zu Glauben oder mit ihm zu kämpfen. Daraufhin sagte Amr: „Wieso, Sohn meines Bruders? Ich will dich nicht töten." Als Ali antwortete „Ich will aber dich töten!", wurde Amr so wütend, dass er vom Pferd sprang und auf Ali zuging. Sie umzingelten sich kämpferisch, bis Ali Amr schließlich umbrachte. Die Alliierten baten den Muslimen 10000 Dirham (Währung) dafür an, dass sie ihnen die Leiche von Amr ibn Wud übergeben. Der Prophet sagte dazu: „Nehmt sie! Wir akzeptieren kein Geld für einen Toten." Quraish dachte, dass die Muslime die Situation für ihr Profit ausnützen werden, doch der Prophet erteilte ihnen eine Lektion über Menschenrechte und Menschenwürde.

## Die Rolle des diplomatischen Weges

Als der Prophet einsah, dass die Alliierten eine zu große und mächtige Gruppe sind, als das die Muslime sie besiegen könnten, versuchte er eine Sippe von den Alliierten auf seine Seite zu gewinnen oder sie zumindest zu neutralisieren. Er hatte die Idee ihnen die Hälfte der Dattelernte Medinas dafür zu geben, dass sie die Koalition mit Quraish abbrechen und nach Hause kehren. Ziel war es die Koalition im Gesamt zu schwächen. Diese Idee schlug der Prophet den Sahaba, darunter Saad ibn Muaaz vor. Dieser sagte: „Oh Gesandter Allahs, ist es etwas, das du für uns machst oder ist es etwas, das Allah dir befohlen hat und wir nur informiert werden?" Der Prophet antwortete, dass es eine Idee von ihm sei, da er sieht wie sich viele arabische Stämme gegen die Muslime verschwörten und er ihre Koalition schwächen wollte. Saad ibn Muaas sagte daraufhin: „Wir und diese Leute waren beide Götzendiener und sie hätten niemals damit gerechnet auch nur eine Dattel mehr aus Medina zu bekommen, als das was wir ihnen verkaufen oder als Geschenk geben. Nachdem Allah uns mit dem Islam geehrt hat und uns zu Ihm rechtgeleitet hat, sollen wir unser Geld einfach so hergeben? Bei Allah, das wird nie sein." Der Prophet hätte auf seine Meinung beharren können, doch er folgte der Meinung der Mehrheit und sah von dieser Idee ab.

Nuaaim ibn Masud kam aus Ghatafan und sagte dem Propheten, dass er den Islam heimlich annahm und bereit sei, alles zu machen, um ihn zu unterstützen. Der Prophet sagte ihm: „Wenn du bei uns bleibst, bist du lediglich ein Mann mehr. Kehre zurück, säe Zweitracht unter den Gegnern und versuche uns nach deinen Möglichkeiten zu beschützen." Nuaaim ibn Masuud entwickelte einen Plan, bei dem er die Alliierten gegeneinander aufheizt, so dass sie gegenseitiges Misstrauen verspürten. Er ging zu Banu Quraiza und sagte: „Quraish wird Muhammad schlussendlich nicht töten, da er aus ihrer Sippe stammt und falls Muhammad gewinnt, wird er zu Quraish barmherzig sein und nicht zu euch. Quraish kann einfach flüchten, doch ihr steckt in einer schwierigen Lage, ihr habt hier euren Besitz und eure Familie." Zu Quraish sagte er: „Meine Leute haben einen Vertrag mit Muhammad und sie werden euch im Stich lassen und Muhammad wird am Ende euer ewige Feind." Durch diese Strategie schaffte er es, die Alliierten zu zersplittern.

### Die Demut des Propheten

Mit jeder Erschwernis gibt es ausreichend Lektionen, die genau so groß sind, wie die Krise und die Erschwernis selbst. Wie uns aus der Geschichte des Propheten bekannt ist, wird in schweren Zeiten der Iman tiefer und blüht mehr und mehr in den Herzen.

Die Krise von der Schlacht al-Khandaq ist die größte in der prophetischen Geschichte. Der Prophet sah die Ereignisse in Uhud vor sich, die sich in der Krise von der Schlacht al-Khandaq wiederholten und sich in einem komplizierten Maße verdoppelten. Der Prophet beobachtete die Ereignisse und wandte sich in Demut zu seinem Herrn: „Oh Allah, Du hast das Buch (den Koran) offenbart und Du bist schnell bei der Abrechnung. Oh Allah, besiege und erschüttere sie.". Danach war der Prophet zuversichtlich, dass auch diese Krise vorbei gehen wird und versuchte somit die Sahaba zu festigen und ihnen Hoffnung und Perspektiven zu geben. Er sagte: „Bei Allah, das geht vorbei. Allah wird uns einen Ausgang geben. Ich bin mir sicher, dass wir trotz allem die Kaaba umkreisen werden und dort beten werden. Ich bin mir sicher, dass Allah mir helfen wird den Schlüsseln der Kaaba zu bekommen."

Das war eine Prophezeiung des Propheten, die in kürzester Zeit wahr geworden ist. Die Sicherheit und das Vertrauen des Propheten an Allah fanden die Heuchler lächerlich und sagten: „Muhammed verspricht uns die Schlüssel der Kaaba und dass wir andere Königreiche einnehmen, während wir nicht einmal in Sicherheit auf das WC gehen können." Daraufhin wurden folgende Verse in Sura al-Ahsab offenbart:

*„Dort wurden die Gläubigen geprüft und heftig erschüttert. (11) Als die Heuchler und diejenigen, in deren Herzen Krankheit ist, sagten: "Allah und Sein Gesandter haben uns nur Trügerisches versprochen." (12) Und als eine Gruppe von ihnen sagte: "O ihr Leute von Yatrib, ihr könnt euch (hier) nicht aufhalten. Kehrt zurück." Und ein Teil von ihnen bat den Propheten um Erlaubnis, (heimzukehren,) indem sie sagten: "Unsere Häuser sind ohne Schutz." Dabei waren sie nicht ohne Schutz, sie wollten nur fliehen. (13)" (Koran 33:11-12)*

Diese Verse zeigen uns, worüber sich die Heuchler Gedanken machten und dass Allah von ihrem Inneren wusste und dies enthüllte. Währenddessen entwickelten die Muslime mehr Vertrauen und Glaube an Ihn. Nach drei Wochen Belagerung und Prüfung für die Muslime, spielte die Natur ein Schicksal aus, das schließlich die Rettung der Gläubigen war. Es passierte ein großes Wunder, das genauso groß war wie die Prüfung. Ein Sturm blies die Zelte der Alliierten weg, löschte ihr Lagerfeuer und ruinierte ihre mitgebrachten Gegenstände. Die Feinde fürchteten sich von der Stärke des Sturms. Als sie aufgrund dessen keinen Ausweg mehr fanden, entschied Abu Sufyan ohne es mit seinen Alliierten zu besprechen, seinen Plan zu ändern und nach Mekka zurückzureiten. Er war der Erste, der sein Kamel rettete und sich auf dem Rückweg machte. Das zeigt, dass Allah die Muslime und den Propheten nicht im Stich ließ. Allah erwähnt im Koran:

*„O die ihr glaubt, gedenkt der Gunst Allahs an*
*euch, als Heerscharen zu euch kamen'. Da sandten*
*Wir gegen sie einen Wind und Heerscharen, die ihr*
*nicht saht. Und was ihr tut, sieht Allah wohl. (9)"*
*(Koran 33:9)*

Die Muslime sind nach dieser Morgendämmerung zu einer Überraschung aufgewacht. Das war die Morgendämmerung der Barmherzigkeit und des göttlichen Beistandes. Mit dem Sonnenaufgang wurde der Sturm sehr mild. Es blieben von der Gegenseite weder Männer noch Zelte oder Kamele. Alles war verschwunden und es blieben keine Spuren von der Belagerung. Zu diesem Zeitpunkt hatten die Muslime eine innere Ruhe und zeigten große Dankbarkeit und Demut. Das Gesicht des Propheten war voller Freude und er leuchtete. Er sagte: „Es gibt keinen Gott außer Allah, der Einzige. Er hielt sein Versprechen und Er allein besiegte die Alliierten. Es gibt nichts nach Ihm." Der Prophet verkundete den Sahaba: „Ab jetzt werden sie uns nie mehr angreifen, sondern wir sie."

Sura al-Ahsab beschreibt die Position der beiden Lagern in den folgenden Versen:

*„Und als die Gläubigen die Gruppierungen*
*shen, sagten sie: "Das ist, was Allah und Sein Ge-*
*sandter uns versprochen haben; Allah und Sein Ge-*
*sandter sagen die Wahrheit." Und es mehrte ihnen*
*nur den Glauben und die Ergebung. (22) Unter den*
*Gläubigen gibt es Männer, die das wahr gemacht*
*haben, wozu sie sich Allah gegenüber verpflichte-*
*ten. Unter ihnen gibt es manche, die ihr Gelübde er*
*füllt haben; und unter ihnen gibt es manche, die*

*noch warten (müssen). Und sie haben keine Ände-*
*rung vorgenommen; (23) damit Allah den Wahr-*
*haftigen ihre Wahrhaftigkeit vergelte und die*
*Heuchler strafe, wenn Er will, oder sich ihnen*
*Reue-Annehmend zuwende. Gewiß, Allah ist All-*
*vergebend und Barmherzig. (24) Und Allah wies*
*diejenigen, die ungläubig waren, mit ihrem Grimm*
*zurück, ohne daß sie etwas Gutes erlangt hätten.*
*Und Allah ersparte den Gläubigen den Kampf.*
*Allah ist Stark und Allmächtig.(25)".*
*(Koran 33: 22-25)*

Somit fing die dritte Phase des muslimisch prophetischen Lebens an.

# 7. Kapitel: Die kleine Pilgerfahrt

In der Zeit, in der die junge muslimische Gemeinde eine soziale Stabilität und einen sozialen Zusammenhalt erreichte, zerbrach auf der anderen Seite die Koalition der Götzendiener und ihre Motivation. Der Prophet bemühte sich nach der al-Khandaq Konfrontation darum verschiedene arabische Stämme zu neutralisieren.

Mit der neuen Stabilität, die die Muslime erreichten, kündigte der Prophet seinen Willen an, nach Mekka zur Pilgerfahrt zu reisen. Diese Nachricht war keineswegs gewöhnlich, denn Mekka war immer noch unter der Herrschaft Quraishs. Die Frage, die sich stellte, war wie dieser Traum, der im Herzen der Muslime lauerte, in Erfüllung gehen kann? Die Muslime und insbesondere die Auswanderaus Mekka freuten sich über diese Nachricht und über die Möglichkeit ihren Geburtsort und ihre Heimat, die sie vor Jahren verlassen mussten, besuchen zu können. Seit der Auswanderung vor 7 Jahren war es den Muslimen nicht möglich Mekka zu besuchen. Der Prophet machte sich auf dem Weg nach Mekka und mit ihm 1400 Gefährten, Männer und Frauen, die in Ihram-Kleidung (islamische Pilgerfahrtskleidung für Männer bestehend aus zwei weißen Tüchern für den oberen und für den unteren Körperteil) angezogen waren. Allesamt hatten keine Waffen mit.

Nach langer Reise erreichten sie den Ort Hudaybiya, der 16 km von Mekka entfernt war. Sie schlugen hier ihre Zelte auf und verweilten mit ihren Opfertieren dort. Als Quraish von ihrem Kommen hörte, vorbereitete sie sich mit allen Möglichkeiten auf einen Krieg vor, denn sie erwarteten einen Angriff von den Muslimen. Einige Männer aus dem Ort Khuzaa fragten den Propheten, wieso er denn jetzt nach Mekka kommt und dieser machte ihnen klar, dass er lediglich die Pilgerfahrt verrichten und dann nach Medina zurückreisen wollte. Die Männer aus Khuzaa sprachen zu Quraish und sagten ihnen: „Seid was Muhammad betrifft nicht eilig, er kommt nur zum Pilgern." Für Quraish war das nicht ausreichend: „Bei Gott, er darf Mekka nicht einfach so betreten. Die arabischen Stämme werden uns verspotten, wenn Muhammad einfach so hineinspaziert." Alles was Quraish beschäftigte war, was die anderen arabischen Stämme denn darüber sagen würden. Uruaa ibn Masud wurde von Quraish zum Propheten geschickt und er erklärte ihm, dass es nicht möglich sein wird Mekka zu betreten und Quraish das nicht zulassen wird und sich auf einen Kampf vorbereitete. Uruaa sah bei der Begegnung mit dem Propheten die Liebe und den Respekt, den die Sahaba dem Propheten entgegenbrachten und war über diesen Umgang und diesen Bund erstaunt. Uruaa marschierte zu Quraish zurück und bestätigte ihnen, dass der Prophet keinen Krieg will: „Oh ihr Leute aus Quraish, ich habe sogar Chosrau in seinem Palast besucht und auch den Kaiser und den König von Abessinien und keinen König gesehen der von seinen Leuten so geliebt und geehrt wird wie Muhammad von seinen Gefährten." Währenddessen schickte der Prophet seinen Schwiegersohn Uthman ibn Affan, der aus dem angesehenen

Stamm Ummaya kommt und so mit Abu Sufyan verwandt war, als Botschafter zu Quraish, um die Mekkaner über das Ziel ihrer Reise zu informieren und sie von ihrer friedlichen Absicht zu überzeugen. Er versicherte ihnen, dass die Muslime unbewaffnet waren und dass sie nur die kleine Pilgerfahrt (Umra) verrichten möchten. Quraish lehnte es ab und schlug ihm vor alleine die Pilgerfahrt durchzuführen. Uthman jedoch weigerte sich sie ohne den Propheten zu verrichten. Während der Verhandlung zwischen Uthman und Quraish, schickte Quraish eine kleine Truppe aus 40 Reitern zu den Muslimen, um sie zu provozieren. Doch die Muslime konnten sie umzingeln und ihnen die Waffen entnehmen. Der Prophet wollte als Zeichen seines guten Willens schon zurück nach Medina kehren, doch Uthman kehrte aus seiner Verhandlung nicht zurück, was die Muslime in Besorgnis setzte. Quraish hatte ihn an der Rückkehr zu Muhammad gehindert. Es verbreitete sich schnell das Gerücht unter den Muslimen, dass Uthman ibn Affan ermordet wurde. Zu jener Zeit herrschte die klare Regel, dass Botschafter nicht umgebracht werden dürfen und die Muslime wollten schon die Rache ihres Botschafters nehmen. Als Quraish sah, dass die Muslime notfallsweise kampfbereit waren, ließen sie Uthman sofort frei. Zurück erzählte Uthman dem Propheten, wie schwer die Situation ist und wie stur Quraish an ihrer Meinung hält, die Muslime nicht hineinzulassen. Überraschenderweise überlegte sich Quraish die Sache anders, nachdem sie die Entschlossenheit des Propheten sah, die Pilgerfahrt durch zu führen und schickte eilig den Botschafter Suhail ibn Amr zu den Muslimen, um mit ihnen zu verhandeln. Als der Prophet Suhail von

Weitem kommen sah, sagte er: „Mit der Entsendung dieses Mannes, will Quraish bestimmt Frieden."[22] (

> *„Und wenn sie sich dem Frieden zuneigen, dann neige auch du dich ihm zu und verlasse dich auf Allah! Gewiß, Er ist ja der Allhörende und Allwissende. (61)"* (Koran 8:61)

Suhail kam jedoch mit Bedingungen, die viele Muslime als unfair und erniedrigend sahen, während der Prophet den Vertrag im Gesamt als eine gute Basis zur friedlichen Verbreitung des Islams erkannte. Laut dem Hudaybiya Abkommen verpflichteten sich beide Parteien dazu, sich zehn Jahre lang nicht zu bekriegen und die Muslime mussten auf die Umra in diesem Jahr verzichten. Die Mekkaner sicherten ihnen aber zu, sie im nächsten Jahr die Umra ungestört vollziehen zu lassen. Zudem stand im Vertrag, dass die Muslime Mekkaner zurückschicken mussten, die nach Medina kamen, um sich dem Propheten anzuschließen. Umgekehrt jedoch, sollten die Muslime ungestört die Seiten wechseln dürfen. Die Einigung auf den Vertrag war keinesfalls leicht und der Prophet musste mehrmals nachgeben, wie etwa als Suhail sich weigerte, die Basmala (dt. *Im Namen Allahs des Barmherzigen des Allerbarmers*) auf das Abkommen zu schreiben. Viele Muslime, darunter Umar waren nachdem Abkommen enttäuscht und konnten die Entscheidung des Propheten nicht nachvollziehen. Umar fragte den Propheten aufgewühlt, warum er dies den tat, sei er denn nicht der Prophet Gottes und

---

[22] Suhail stammt aus dem arabischen Wort sahl für leicht. Als der Prophet Suhail sah, sagt er: „Möge es leicht für euch werden."

sie die Muslime. Der Prophet antwortete ihm: „Ich bin der Diener Allahs und Sein Gesandter, ich weiche von Seinem Befehl nicht ab und Er lässt mich nicht zu Grunde gehen." Allah offenbarte danach den ersten Vers von Sure al-Fath: *„Gewiß, Wir haben dir einen deutlichen Sieg verliehen"* und die Muslime fragten verwundert, ob es denn eine Eroberung sei, woraufhin der Prophet bejahte. Der Friedensvertrag von al-Hudaybiya brachte den Muslimen in der Tat viele Vorteile. Zum einen anerkannte Quraish nun die Muslime und verhandelte mit ihnen und zum anderen wurde mit der 10-jährigen Waffenruhe ein friedlicher Rahmen geschaffen.

# 8. Kapitel: Mekka: „Gewiß, Wir haben dir einen deutlichen Sieg verliehen." (Koran 48:1)

Die Eroberung Mekkas war nicht im achten Jahr nach der Hidschra geplant, doch es war das Schicksal und Gottes Planung, dass dieses Jahr das Jahr der „großen Eroberung" wird. In diesem Jahr werden Muhammad und seine Gefährten einen großen unbewaffneten Erfolg erzielen.

Doch Gott ließ es so geschehen, damit Mekka, wie Abraham es gründete, ein heiliger Ort für den Monotheismus war. Wie erwähnt, ging der Prophet im Jahr 6 nach der Hidschra einen Friedensvertrag mit Quraish ein, dem er auch treu blieb, wie es seine Persönlichkeit und seine noblen Eigenschaften auch nicht anders zulassen konnten.

Ein Mann aus dem Stamm Khuzaa griff einen anderen Mann aus Bani Bakr aufgrund zurückliegender Sippenkonflikte an. Der Stamm Khuzaa hatte den Islam nach al-Hudaybiya angenommen und war somit in Koalition mit dem Gesandten. Der Stamm lebte aber weiterhin in einem Randbezirk Mekkas. Die Sippe Bani Bakr hingegen vertiefte ihr Bündnis zu Quraisch und ihre Beziehung verstärkte sich. Somit entstand hier ein großes Konfliktpotential und die beiden Sippen (Bani Bakr und Khuzaa) sind tatsächlich in einen Konflikt geraten und bekämpften sich. Quraisch verhielt sich in diesem Konflikt nicht neutral und stellte sich auf die Seite der Bani Bakr und unterstütze die Sippe mit Waffen und weiteren Ressourcen. An diesem Kampf gegen Khuzaa nahmen militärische Anführer Mekkas, wie Safwan Ibn Umaya und Ikrima ibn Abi Jahl teil. Nach dem Khuzaa mehrere ihrer Männer verloren und Angst vor der Vernichtug hatte, gingen sie zur heiligen Kabaa, um dort nach Schutz zu suchen. Danach rief ein Anführer von Khuzaa einen Anführer von Bani Bakr namens Nafel her und sagte ihm: „Wir sind nun in den heiligen Ort deines Harrens und unseres Herren." Daraufhin sagte Nafel: „Es gibt keinen Gott heute." Bani Bakr berücksichtigte die Besonderheit und Heiligkeit des heiligen Ortes nicht und griffen weiterhin ihre Gegner rund um den heiligen Ort Kaaba an. Khuzaa schickte einen Botschafter namens Amr Ibn Salim al-Khuzai zum Gesandten, damit er den Gesandten die Gesamtsituation schilderte und ihm um Beistand und Unterstützung bat. Der Prophet sagte ihm: „Meinen Beistand bekommst du Amr Ibn Salim". Der Prophet konnte diese friedensuchenden und unterdrückten Menschen, die zu ihm gekommen waren, um Hilfe zu suchen, nicht im Stich lassen. Quraisch wusste, das Khuzaa in Koalition mit dem Gesandten war und wusste, dass sie selbst den Vertrag brach. Der Prophet bereitete sein Heer vor. Das Ziel und der Zweck dieses Heeres blieben unbekannt.

Zu dieser Zeit ahnte Quraish, dass der Prophet sich auf einen Angriff vorbereiten wird. Inzwischen ging der Anführer Quraishs Abu Sufyan zur Medina, um ein diplomatisches Gespräch mit dem Propheten zu führen, eine Lösung zu finden und die Friedensvereinabrung zu erneuerten bzw. zu bekräftigen. Abu Sufyan war ein Mensch, der reagierte, wenn eine wahre Gefahr zu spüren war. Er wusste, dass das, was Quraish machte, nicht tolerierbar war. Er ging zum Gesandten und zu

Abu Bakr und beide wollten nicht mit ihm reden. Hier begriff Abu Sufyan die Ernsthaftigkeit der Lage und ging zurück nach Mekka.

Der Prophet brach mit seinem Heer nach Mekka auf, ohne sie über den Zielort zu informieren, denn ihm war es wichtig, dass er die Mekkaner überraschte und ihnen keine Zeit zur Vorbereitung lies. Den Medinensern schlossen sich auf dem Weg noch viele andere muslimische Stämme an und das Heer wurde stärker und größer, bis es aus 10000 Mann bestand.

Der Onkel des Propheten al-Abbas verlies mit seiner Familie Mekka und marschierte in Richtung des muslimischen Heeres, denn er wollte den Propheten sprechen. Mit ihm gingen auch zwei Vetter des Propheten. Als sie den Propheten erreichten, weigerte dieser sie zu treffen. Hier sagte der Vetter des Propheten: „Bei Allah, entweder bekomme ich die Erlaubnis, oder ich werde die Hand dieses meines Sohnes nehmen und mit ihm umherziehen, bis wir vor Durst und Hunger sterben." Der Prophet empfand Mitleid und traf sich schließlich mit ihnen. Alle drei nahmen bei ihm den Islam an. Al-Abbas hatte zwar schon den Islam angenommen, fürchtete sich aber um die Leute in Mekka und was wohl mit ihnen geschehen würde, wenn dieses riesige muslimische Heer die Stadt einnimmt. So ritt er fort und berichtete dem ersten, den er sah von der Größe des Heers. Auf dem Rückweg zum Heer nahm er Abu Sufyan mit und erklärte den Muslimen, dass er in seinem Schutz ist. Abu Sufyan wusste, dass er in einer schwierigen Lage ist und dass er keine andere Wahl hatte und nahm beim Propheten den Islam an. Daraufhin sagte al-Abbas zum Propheten: „Oh Gesandter Allahs, Abu

Sufyan ist ein stolzer Mann, so gewähre ihm etwas." Der Prophet sagte daraufhin: „Wer das Haus Abu Sufyans betritt, ist sicher. Und wer seine Tür hinter sich schließt, ist auch sicher. Und wer die Moschee betritt, ist ebenfalls sicher." Nach all dem, was der Prophet an Leid und an Folter von diesen Leuten gesehen hatte, blieb er immer noch barmherzig und sehr sanftmütig mit ihnen, obwohl er nun die Oberhand hatte und in der Lage war, ihnen eine Lektion zu erteilen.

## Die Niederwerfung des Eroberers

Der Prophet zog mit dem Heer bis zu Thu Tuwa an der Grenze Mekkas vor, von wo er sehen konnte, dass Mekka nicht vorhatte, einen Widerstand zu leisten. Er befahl seinen Leuten stehen zu bleiben, stieg von seinem Reittier herab und warf sich dankbar im Gebet für Allah nieder. Allah verhalf ihm zum größten Sieg des Islams und zur Einnahme der heiligen Stätte. Der Prophet teilte das Heer in vier auf. Jeder Teil sollte Mekka von einer anderen Seite betreten. So machte sich der Prophet mit seinem Teil auf, als er auf dem Weg Saad ibn Ubada, der das Heeres-Banner trug, sagen hörte: „Heute ist der Tag des blutigen Kampfes, heute gilt der verwehrte Ort als erlaubt." Das Widersprach dem Befehl des Propheten, dass keiner in Mekka bekämpft werden sollte. Der Prophet nahm ihm das Banner ab und gab es dessen Sohn und erwiderte auf die Aussage: „Nein, heute ist der Tag der Barmherzigkeit, ein Tag, an dem die Kaaba ihre Heiligkeit zurückbekommt und ein Tag, an dem Allah Quraish ehrt."

Der Prophet war sehr darauf bedacht Mekka einzunehmen, ohne einen einzigen Bluttropfen zu vergießen. Er war keineswegs auf Rache hinaus, sondern in tiefer Dankbarkeit, dass Allah ihn siegreich in seine Heimat zurückführte.

Nachdem der Prophet die Kaaba umzingelte, rief er zu den Menschen: „Oh Quraish, was denkt ihr, was ich mit euch tun werde?" Sie antworteten: „Gutes, denn du bist ein edler Bruder und Sohn eines edlen Bruders." Daraufhin sagte der Gesandte: „So geht, ihr seid frei!" Wie stark ist diese Seele, die sich über Rache, Hass und Rauschsucht erhebt und in der Lage ist aus Stärke heraus zu vergeben. Muhammad hätte alle Einwohner Mekkas, die ihn verraten hatten und ihn und seine Anhänger gefoltert hatten mit einem Mal vernichten können, doch er entschied sich für Vergebung und Barmherzigkeit, passend zu seinem edlen Charakter.

### Bilal: der erste Gebetsruf in Mekka

Als die Mittagszeit anbrach, beauftragte der Prophet Bilal auf, auf die Kaaba zu klettern und den Gebetsruf auszurufen. Jener Sklave, der einst in dieser Stadt gedemütigt und gefoltert wurde, stieg in derselben Stadt und mit Anwesenheit derselben Leute auf die höchste Position der Stadt und hatte die Ehre den Gebetsruf auszurufen. Was für eine Lektion für die Einwohner Mekkas und für jeden Rassisten. Bei diesem Anblick murmelten einige Leute aus Quraish verwundert, wie nur der schwarze einst Sklave auf die Kaaba steigen konnte.

In der darauffolgenden Zeit nahmen viele Mekkaner den Islam an und es verbreitete sich in Mekka immer mehr und mehr der Frieden aus.


## Rückkehr nach Medina

Nach der Eroberung Mekkas war fast die ganze arabische Halbinsel muslimisch geworden und lebte in Frieden. Der Prophet blieb etwa 15 Tage in Mekka, um die Angelegenheiten der Stadt zu ordnen. Er eliminierte alle Statuen und Spuren des Polytheismus und die heilige Stadt kehrte zu ihrem monotheistischen reinen Zweck zurück.

Die Ansar, die mit dem Propheten zur Einnahme Mekkas gekommen waren beobachteten den Propheten, wie er zufrieden auf dem Hügel al-Safaa stand und fürchteten, dass er Medina zugunsten seiner früheren Heimat verlassen könnte und sie ohne ihn heimkehren müssten. Als der Prophet jedoch von ihrer Befürchtung erfuhr sagte er: „Allah behüte! Ich lebe, wo ihr lebt und sterbe, wo ihr sterbt!". Nach allem, was passiert war suchte sich der Prophet aus, nach Medina zurück zu kehren. Weder Geburtsort noch Familie noch die heilige Stadt hatten ihn sein Versprechen mit den Ansar brechen lassen. Mekka war zwar sein Geburtsort und hier befand sich die heilige Kaaba, doch Medina war die bewusst ausgesuchte neue Heimat, in der er gewürdigt und geehrt wurde, in der er in der schwierigsten Zeit seines Lebens Unterstützung bekam und in der Gerechtigkeit herrschte. Er hätte nun noch lebenslang in Mekka bleiben können, doch er kehrte zu seiner Wahlheimat zurück, was ein Signal von Treue und Zugehörigkeit zu jenen, die ihn unterstützten ausdruckte.

## Abschiedspredigt: Gott sei mein Zeuge!

Im Jahr 10 nach der Hidschra wollte der Prophet seine Pflichtpilger-fahrt, die jeder Muslim einmal im Leben verrichten sollten, durchfüh-ren. Er spürte zu diesem Zeitpunkt schon den Tod sehr nahe. Als das Vorhaben des Propheten bekannt wurde, kamen die unterschiedlichen Sippen aus allen Ecken Arabiens, um die Pilgerfahrt mit dem Propheten zu verrichten. Das stellte für sie eine große Ehre da. Diese Versamm-lung war die größte überhaupt, die die arabische Halbinsel erlebte. Die Abschiedspilgerfahrt war nicht nur eine religiöse, sondern auch eine erzieherische und eine Bildungsreise. Sie war keine gewöhnliche Pil-gerfahrt, denn in ihr vervollständigte sich der Islam. Die Muslime mar-schierten mit dem Gesandten und rezitierten gemeinsam in schöner Stimme Gebete „Labbaika-llahumma labbaik, labbaika la scharika laka labbaik. Inna al-hamda wa al-ni'mata laka wa al-mulk, la scharika lak." (dt. „Dir zu Diensten, o Allah, Dir zu Diensten, Dir zu Diensten, Du hast keinen Teilhaber, Dir zu Diensten. Alles Lob, alle Gnade und alle Herr-schaft sind Dein, Du hast keinen Teilhaber"). Der Prophet und seine Gefährten verweilten in Zu al-Hulayfa in der Nähe von Mekka und marschierten dann mit ihrer Ihram-Kleidung zur Kaaba. Als der Prophet diese sah, sagte er: „Oh Allah! Vermehre die Würde, die Verehrung, die Erhabenheit und die Herrlichkeit dieses gesegneten Hauses" und fuhr dann mit den verschiedenen Stationen der Pilgerfahrt fort.

Dann folgte die Abschiedspredigt des Propheten als Höhepunkt der prophetischen Pilgerfahrt, in der der Prophet nicht nur das heilige Haus, die Kaaba, verabschiedete, sondern auch die Muslime und seine Gefährten. Diese Abschiedspredigt war auch eine Bestätigung, eine Urkunde und ein Statement zur Vervollständigung seiner Botschaft. Der Prophet fing die Predigt mit der Frage an „Welcher Tag ist heute?" und die Sahaba antworteten: „Ein Haram-Tag, ein Haram-Monat und ein Haram-Ort." (Haram ist arabisch für „unverletzlich") Dann fuhr der Prophet fort: „Oh Leute, euer Blut und euer Vermögen sind euch unverletzlich, bis ihr euren Herrn trefft, so wie dieser euer Tag unverletzlich ist, und wie dieser euer Monat unverletzlich ist. Und ihr werdet euren Herrn treffen und Er wird euch über eure Taten befragen. Habe ich euch die Botschaft überbracht?" Sie antworteten im Chor: „Ja" und er sagte darauf: „Oh Gott, bezeuge." Der Prophet fuhr mit seiner Predigt fort und forderte die Muslime dazu auf alles Anvertraute ihren Besitzern zurück zu geben und alle Schulden, die sie haben zu begleichen. Er erklärte zudem den Handel mit Zinsen eindeutig für *haram* (verboten) und fuhr weiter: „Das ist der wahre Glaube, so tut euch selbst kein Unrecht an. Werdet nach mir nicht wieder ungläubig und bringt euch nicht gegenseitig um. Habe ich euch die Botschaft überbracht?" Sie bejahten und er sagte wieder: „Oh Gott, bezeuge". Der Prophet erinnerte die Muslime an die ehrenvolle Stellung der Frauen und daran sie zu respektieren: „Oh Leute, hört meine Worte und begreift sie. Wisst, dass jeder Muslim dem Muslim ein Bruder ist, und dass die Muslime Brüder sind. Es ist niemandem von seinem Bruder etwas erlaubt, außer was dieser ihm freiwillig gibt, behandelt euch also nicht gegenseitig ungerecht. Oh Leute, euer Herr ist Einer und euer Vater ist einer. Ihr alle gehört zu Adam und Adam ist aus Staub. Der ehrvollste unter euch ist jener, der am gottesfürchtigsten ist. Kein Araber ist besser als ein Nicht-Araber außer durch seine Gottesfurcht. Habe ich die Botschaft übermittelt?" Sie bejahten und er sagte: Oh Gott, bezeuge". Er fuhr mit mahnenden Worten fort und sagte: „Ich habe euch hinterlassen, wodurch ihr, wenn ihr daran festhaltet, nie irregehen werdet. Eine klare Sache: Gottes Buch und die Sunna. Ihr werdet nach mir gefragt werden. Was werdet ihr sagen?" Die Menschen antworteten: „Wir bezeugen, dass du die Botschaft überbracht hast, es vollzogen und uns beraten hast." Der Prophet hielt damit seinen Zeigefinger in den Himmel und rief: „Oh Allah, bezeuge, oh Allah, bezeuge" Hier sandte Allah den Abschiedsvers der Sure al-Tawba herab.

> *„Siehe, die Zahl der Monate bei Gott ist zwölf – Vorschrift Gottes, vom Tage an, da er die Himmel und die Erde erschaffen hat. Unter ihnen sind vier heilig. Das ist die Religion, die Bestand hat. Tut euch selber in ihnen kein Unrecht an! Kämpft gegen die Beigeseller insgesamt, wie sie euch insgesamt bekämpfen! Wisst, dass Gott auf Seiten derer ist, die gottesfürchtig sind!" (Koran 9:36)*

Mit der Vollendung der himmlischen Botschaft, ist die Güte Allahs über Seine Schöpfung vollendet worden. Die Lichter des Koran und die Sira des Propheten vervollständigten sich und keiner, der sie befolgt wird jemals irregeleitet. Muhammad fing seine Reise als Prophet vor zwei Jahrzehnten nur mit wenigen Personen an und an diesem Tag war ihm die ganze arabische Halbinsel samt Umgebung gefolgt. Die Reise endete damit, dass die Muslime bezeugten, dass er die Botschaft überbrachte.

Nach der Beendigung der Abschiedspredigt kehrte der Prophet nach Medina zurück, wartend auf das Treffen mit seinem Herrn und den Abschied von dieser Welt. Dort wurde schließlich der letzte Vers aus dem Koran offenbart:

> *„Und hütet euch vor einem Tag, an dem ihr zu*
> *Allah zurückgebracht werdet. Dann wird jeder*
> *Seele in vollem Maß zukommen, was sie verdient*
> *hat, und es wird ihnen kein Unrecht zuge-*
> *fügt. (281)" (Koran 2:281)*

Vor dem Tod des Propheten, besuchte er seine verstorbenen Sahaba auf dem Friedhof al-Baqii, begrüßte sie und versprach ihnen, sie bald zu sehen. Er sagte zu den Sahaba, die ihn umkreisten: „Begrüßt alle Menschen bis Tag der Auferstehung von mir, die an mich glauben, die mir folgen, ohne mich gesehen zu haben."

Nach einer Weile bat Gibrijl den Propheten um Erlaubnis, dass der Todesengel nun hineinkommt, um ihn mitzunehmen. Der Prophet erlaubte es und nach wenige Minuten hörten sie den Propheten zum Todesengel sagen: „Zum Gefährten im Himmel, zum Gefährten im Himmel." Er schloss seine Augen und kehrte zu seinem Herrn in den Himmel zurück.

*„Und wir sandten dich nur aus Barm-*

*herzigkeit zu den Weltbewohnern."*

*(Koran 21:107)*

Zeitfracht Medien GmbH
Ferdinand-Jühlke-Straße 7
99095 Erfurt, Deutschland
produktsicherheit@kolibri360.de